中世纪晚期近代早期威尼斯贵族政治研究

尚洁　著

WUHAN UNIVERSITY PRESS
武汉大学出版社

图书在版编目(CIP)数据

中世纪晚期近代早期威尼斯贵族政治研究/尚洁著.—武汉：武汉大学出版社,2013.9
ISBN 978-7-307-11308-4

Ⅰ.中…　Ⅱ.尚…　Ⅲ.贵族政治—研究—威尼斯共和国—中世纪~近代　Ⅳ.K546.07

中国版本图书馆 CIP 数据核字(2013)第 143373 号

责任编辑:胡程立　　责任校对:刘　欣　　版式设计:马　佳

出版发行:**武汉大学出版社**　(430072　武昌　珞珈山)
(电子邮件:cbs22@whu.edu.cn　网址:www.wdp.com.cn)
印刷:湖北恒泰印务有限公司
开本:720×1000　1/16　印张:12.25　字数:173 千字　插页:1
版次:2013 年 9 月第 1 版　2013 年 9 月第 1 次印刷
ISBN 978-7-307-11308-4　定价:29.00 元

教育部人文社科研究青年基金项目“中世纪晚期近代早期威尼斯贵族政治研究”(项目编号：12YJC770046)结项成果

内容摘要

15、16世纪是西欧社会由传统向近代、由封建主义向资本主义过渡的时期。在这一转型变革的背景下，与西北欧民族国家的兴起不同，孕育了文艺复兴辉煌文化的意大利城市，在新航路开辟和周边民族国家接连发动战争侵扰的压力下，纷纷走向衰落，或被灭亡，或被吞并。但半岛上的威尼斯共和国却是个例外。它作为近代早期意大利地区持续时间最长、发展最为成功的城市共和国，在这一时期克服了这些压力所引发的社会危机，维护了其自身独立自由的地位和社会和谐稳定的局面。在这一过程中，威尼斯共和国的贵族政治发挥了重要的作用，通过调整与改革，使威尼斯这个传统社会在向近代社会转型的过程中实现了平稳过渡，成功地克服了15、16世纪经济和战争危机给社会生活所带来的破坏性影响。威尼斯的贵族政治体制也经受住了这一时期共和国社会危机的考验，实现了自我的完善和发展。

目　　录

导　论

15、16世纪，随着地理大发现和西欧民族国家的兴起，西欧的城市，特别是意大利地区的城市普遍经历了一场漫长的政治和经济危机。① 孕育了文艺复兴辉煌文化的意大利城市纷纷走向衰落，或被灭亡，或被吞并。传统观点将此归结为中世纪模式的城市不再适应西欧由封建主义向资本主义社会转型发展的需要，它只有在被纳入国家，特别是拥有广大领土的民族国家后才能获得新的发展。但意大利的威尼斯城市共和国是个例外。它在15、16世纪克服了地理大发现造成的商业中心地位丧失的负面影响，以及民族国家扩张对其领土的侵占与威胁，成为意大利在这一时期唯一保持独立和自由地位的城市共和国。不仅如此，由城市危机引发的社会动荡和

① 关于近代早期欧洲的城市危机，参见：[英]M·M. 波斯坦等主编：《剑桥欧洲经济史(第三卷)·中世纪的经济组织和经济政策》，周国荣、张金秀译，北京：经济科学出版社，2002年版，第176~194页；[法]费尔南·布罗代尔：《菲利普二世时代的地中海与地中海世界》(第一卷)，唐家龙、曾培耿等译，北京：商务印书馆，1996年版，第488~492页。

秩序混乱的局面在这一时期的威尼斯并没有出现。相反，它独立自由的国家形象和持久稳定和谐的社会局面为其赢得了很高的声誉。现代的历史研究者甚至创造了一个专门的术语“威尼斯神话”(*mito di venezia*)①来概括这些“理想化”的表述。② 而威尼斯的贵族政治作为这一“神话”的重要组成部分，成为解读“神话”和了解威尼斯真实发展状况的切入点，因此，对其从中世纪晚期向近代早期发展过渡期间的政治和社会状况的考察，有助于我们理解威尼斯共和国之所以成为例外的原因，从一个侧面加深对西欧近代国家和城市发展的认识。因为“例外恰恰证明了规律”。③

威尼斯共和国在13世纪末，通过“关闭”大议会(*Serrata*)以及对两次贵族反叛阴谋的镇压，从法律上确立了一个封闭的商业贵族精英阶层对共和国的领导权。这个贵族统治集团无论是其政体结构还是其政府运作都具有独特性。它在维护共和国持久的和谐稳定与塑造“威尼斯神话”上的独特作用，一直是文艺复兴史学界关注的焦点。16世纪，威尼斯贵族加斯帕洛·康塔里尼(Gasparo Contarini)撰写的《威尼斯共和国与行政官员》(*De magistratibus et republica Venetorum*)④是这一时期描述威尼斯贵族政治最具代表性

① “威尼斯神话”是一个集合概念，包含所有对威尼斯共和国“理想”形象的表述。对这种“理想”形象的塑造产生于中世纪晚期并一直延续发展至文艺复兴时期，“威尼斯神话”也成为近代早期威尼斯最具影响力的意识形态。关于“威尼斯神话”的形成源流，参见：Gina Fasoli, “Nascita di un mito(Il mito di Venezia nella storiografia)”, in *Studi storici in onore di G. Volpe*(2 vols.), Florence: Sansoni, 1958, Vol. 1, pp. 445-479; Franco Gaeta, “Alcune considerazioni sul mito di Venezia”, in *Bibliothèque d'Humanisme et Renaissance*, No. 23, 1961, pp. 58-75.

② Robert Finlay, *Politics in Renaissance Venice*, London: Ernest Benn Ltd., 1980, p. 30.

③ [法]费尔南·布罗代尔：《菲利普二世时代的地中海与地中海世界》(第一卷)，第491页。

④ 英文版：Gasparo Contarini, *The Commonwealth and Government of Venice*, trans. by Lewes Lewkenor, London: John Windet, 1599. 意大利文版：Gasparo Contarini, *Della Republica et Magistrati di Venetia, Libri Cinque*, trans. By Nicolo Crasso, Venetia: Niccolò Pezzana, 1678.

的作品之一。他在书中认为，威尼斯贵族统治下的“混合式”政府以其公正自制的德行维护了共和国的长期稳定与和谐。他的这一观点影响深远，不仅迅速传播到西欧其他国家，更在后世学者的研究著作中不断被重申，成为解读“威尼斯神话”和贵族政治的经典理论。但是，与这种观点相伴随产生的是对威尼斯贵族腐败堕落、寡头政府严苛粗暴管理的抨击与批判，这种“去神话”(anti-myth)的观点在启蒙运动时期被进一步强化，卢梭在《社会契约论》中将威尼斯的“十人会议”比作“血腥法庭”，直斥共和国衰亡的原因在于其贵族政府的弊端。① 这一观点也得到了一些现代学者的响应。威尼斯贵族政治的独特性和这两种观点的争鸣，目前依然是文艺复兴威尼斯研究的前沿和热点问题。新的研究视角和方法不断涌现，使本书的研究能做到紧跟学术的前沿。

这一选题之所以要研究从中世纪晚期向近代早期转型的过程中的威尼斯共和国的贵族政治，除了对其政治体制和政府运作进行具体剖析，来展示威尼斯贵族政治的发展实质之外，还有助于洞悉这一时期威尼斯的社会政治状况。威尼斯社会的稳定与和谐离不开政府的有效控制和管理，协调和化解这样一个等级社会中不可避免的矛盾和冲突(如贵族家族之间，贵族与平民之间，本国居民与外来族裔之间，威尼斯城与大陆行省之间)，特别是在这种转型变革的时期，是威尼斯贵族政府日常运作中的首要工作。因此，本选题除了研究威尼斯贵族政治体制和政府组织构成，更希望将对这种体制的考察融入到动态的社会历史发展中，挖掘转型时期威尼斯贵族政治的应对与坚持，以期对威尼斯共和国的贵族政治以及其所赖以生长发展的社会环境有更为深刻的认识，这样也有助于我们更好地透过“威尼斯神话”所宣扬的“尊贵祥和的共和国”(La Serenissima)了解其现实的社会发展状况。

威尼斯共和国的贵族政治一直以来就是文艺复兴史学家的传统

---

① John Martin & Dennis Romano (eds.), *Venice Reconsidered: the History and Civilization of an Italy City-State, 1297—1797*, Baltimore: The Johns Hopkins University Press, 2000, p. 3.

研究领域，时至今日，对威尼斯贵族及其统治力的研究依然方兴未艾，成果斐然。下面按时间顺序就本书所涉及的相关原始资料和学术前史做简要的梳理。

一、原始资料和资料整理

关于文艺复兴时期威尼斯共和国及其贵族政治的原始资料大致可以分为三类：首先是威尼斯共和国的官修史稿；其次是文艺复兴时期人文主义者关于威尼斯的著作；再次，当时贵族阶层的日记、通信集等私人记录也是重要的一手研究资料。

16 世纪初期威尼斯面临着经济衰退和战争威胁的双重压力，共和国政府试图通过设立官方史官，编撰共和国历史的方法来维护国家的形象与声誉。威尼斯贵族皮特洛·本博(Pietro Bembo, 1470—1547)受威尼斯贵族政府委托撰写的 12 卷本《威尼斯史》(*History of Venice*)①即在这一背景下产生的。全书由本博参照古罗马史学家凯撒和李维的风格，用拉丁文撰写而成，记载了威尼斯共和国从 1487 年至 1513 年的历史。全书的主要内容包括威尼斯共和国在意大利战争第一阶段(1494—1513)中的表现，以及威尼斯在这一时期面临的复杂而紧张的国际局势。由于是官修史书，该书除了基本的史实之外，罕见作者的想法和见解，而且由于写作的重点放在了外交、战争等方面，对威尼斯当时社会的发展状况着墨不多。此外，该书完成后由政府的"十人会议"进行了严格的审查，对某些段落和措辞进行了增减和修改。因此，我们既能通过这本官方史书了解当时的重要史实，也可以侧面窥见威尼斯官方对待当时历史的态度。

文艺复兴时期人文主义者的作品对研究当时威尼斯的贵族政治也很重要。这一时期，人文主义者对威尼斯共和国的研究一般从其贵族统治阶层及其政治体制入手，希望通过对共和国政治结构和政府组成的考察，分析其背后的政治理念和执政原则，来证明(或否

① Pietro Bembo, *History of Venice* (3 vols.), edited and trans. By Robert W. Ulery, Jr., Massachusetts: Harvard University Press, 2007.

定)威尼斯共和国是"完美政体的典范"。这其中最有代表性且影响最大的是前文已经提及的康塔里尼《论政府官员与威尼斯共和国》。在这本书中，康塔里尼从一名参与者的角度，对威尼斯的政府机构设置及其官员选举制度进行了介绍，并通过对比古典希腊和罗马共和国单一政体的弊端，将威尼斯的繁荣稳定归结于威尼斯的这套"建立在贵族统治基础上的混合政体"①；同时，作者认为政府高效公平的行政运作和贵族统治阶层严谨与节制的风格共同保证了共和国有机体的稳定繁荣。② 康塔里尼的从政体层面解释威尼斯稳定局面的观点影响了当时佛罗伦萨的人文主义者多纳托·詹诺蒂(Donato Giannotti)。抱着为佛罗伦萨动荡政局提供借鉴的目的，詹诺蒂在其《论威尼斯共和国》(*Libro de la Republica de Vinitiani*)③中就威尼斯政局的稳定给出了自己的解释，他认为只有从法律上保证被统治阶层的安全，政府才能获得民众的满意与忠诚，从而达到社会的稳定与和谐。他的这种"学为我用"的态度也是当时其他国家人文主义者的普遍态度，威尼斯共和国"完美政体"的"神话"也在这样的背景下在西欧传播开来。

除了上述两类材料之外，文艺复兴时期威尼斯贵族的日记和通信集等也是了解其贵族阶层思想状况和透视政府日常运作的珍贵材料。19 世纪末、20 世纪初，在实证主义史学思想的影响之下，意大利学者们在收集和整理这些书信材料方面做了大量的基础性工作。这其中与本研究时段相关且影响最大的是威尼斯贵族马尼洛·桑努托(Marino Sanudo，1466—1536)的日记。在史学家弗林(Rinaldo Fulin)主持下，意大利学者们花了 20 多年的时间整理出版了共 58 卷的《马尼洛·桑努托日记全集》(*I diarii di Marino Sanuto*，1879—1903)。④ 这套巨著共 4 万多页，收集了桑努托从

① Gasparo Contarini, *The Commonwealth and Government of Venice*, p. 33.

② Gasparo Contarini, *The Commonwealth and Government of Venice*, pp. 148-149.

③ Donato Giannotti, *Libro de la Republica de Vinitiani*. Venice, 1564.

④ Marino Sanuto, *I diarii di Marino Sanuto* (58 vols.), Rinaldo Fulin etc. (eds.), Deputazione R. Veneta di Storia Patria, Venice: 1879—1903.

1496年1月至1533年6月的日记记录，涉及威尼斯这段时期的政治、社会、经济等各个层面的历史，涵盖了政府公文概要、私人通信手稿、选举和辩论记录以及威尼斯社会生活摘要等各类资料。作为频繁出入总督府的政府高级官员，桑努托的日记为我们观察威尼斯贵族政府具体运作开了一道窗，他事无巨细的记叙方式和对具体事件的态度评价也是直观体验威尼斯贵族政治的重要渠道。除了桑努托，15世纪末16世纪初的另一位贵族吉罗拉莫·普留里（Girolamo Priuli）的日记也是比较重要的私人史料。出版于20世纪初的8卷本《吉罗拉莫·普留里日记全集》（*I Diarii di Girolamo Priuli*, 1912—1938）①收录了他自1498年到1512年7月（1506年8月至1509年6月的日记佚失）记载的日记。出身权贵家族的普吕尼对政治和统治权力的关心远超过桑努托，这导致了他的日记中充满了过于冗长的个人说教和评价，缺乏生动的历史情景的记载，使得在史料价值上不如桑努托的日记。但他关于政府管理的评价和对其不满意的官员和做法的直言不讳的抨击还是很有参考和研究的价值。

此外，威尼斯共和国的政府公文和编年史稿也是重要的一手材料。威尼斯共和国在整理和保管各级政府的公文法令方面特别重视，包括总督选举过程以及十人会议记录在内的档案材料在其共和国灭亡之后，大部分都被完整保留了下来。威尼斯国家档案馆（Archivio di Stato di Venezia）是其中最大也是收藏中央政府一级档案最为丰富的地方。19世纪后期，档案馆开始系统地将共和国时期的政府档案整理和出版供学者们研究，其中《威尼斯最高行政档案汇编》（*Il Regio Archivio Generale di Venezia*, 1873）②以及由本洛蒂（Vingenzo Bellondi）主编的《威尼斯共和国文献轶事集（810—

① Girolamo Priuli, *I diarii di Girolamo Priuli* (8 vols.), Bologna, 1912—1938.

② Archivio di Stato di Venezia (ed.), *Il Regio Archivio Generale di Venezia*, Venezia: Prem. Stabil. Tip. Di Pietro Naratovich, 1873.

1854)》(*Documenti e Aneddoti di Storia Veneziana*, 1902)①按年代顺序对威尼斯的中央政府档案进行了初步的整理，为了解威尼斯共和国的贵族政府提供了基础性的研究材料。这一时期在编辑和整理的文献资料中影响最大的是由意大利史学家萨缪尔·罗马尼(Samuele Romanin)编撰的十卷本的《威尼斯历史文献集》(*Storia Documentata di Venezia*, 1853—1861)。② 作者在编写该套文献集时受到这一时期兰克学派实证主义的影响，以大量考证详实的历史文献为基础，串起整个威尼斯共和国的发展历史，更通过对共和国过去历史发展的回顾反击了当时一些法国学者对威尼斯历史发展负面的攻击与诽谤。罗马尼在书中对威尼斯共和国以及政府发展所做的正面评价也成为之后很长一段时间研究威尼斯历史的主流态度。进入20世纪，意大利的历史学家仍在继续进行大量的原始资料的整理和汇编工作。由意大利著名学者罗贝托·伽兹(Roberto Cessi)耗时近20年编撰的三卷本《威尼斯共和国大议会决议集》(*Deliberazioni del Maggior Consiglio di Venezia*, 1931—1950)③收集了威尼斯共和国自大议会成立以来的所有重要决议和法令，为之后对威尼斯贵族政治中最为重要的立法机构——大议会的研究打下了良好的资料基础。除了上述的档案和文献集，编年史也是可供研究和参考的材料。19世纪意大利学者穆逖涅尼(Fabio Mutinelli)编写的《威尼斯城编年史：810年至1797年5月12日》(*Annali urbani di Venezia dall'anno* 810 *al* 12 *maggio* 1797, 1841)④涵盖了威尼斯从城市建立之初直至共和国最终走向覆灭的整段历史，按年代顺序编写的方式有助于对威尼斯贵族政治的产生与发展的线性过程有一个更清晰的认识。

---

① Vingenzo Bellondi (ed.), *Documenti e Aneddoti di Storia Veneziana* (810—1854) *tratti dall'archivio de' Frari*, Firenze: Deposito Presso Bernardo Seeber, 1902.

② Samuele Romanin, *Storia Documentata di Venezia* (10 vols, 1st ed.), Venezia: Tipografia di Pietro Naratovich, 1853—1861.

③ Roberto Cessi (ed.), *Deliberazioni del Maggior Consiglio di Venezia* (3 *vols.*), Bologna: N. Zanichelli, 1931—1950.

④ Fabio Mutinelli, *Annali urbani di Venezia dall'anno* 810 *al* 12 *maggio* 1797, Venezia: Tipografia di G. B. Merlo, 1841.

二、传统的政治史研究

随着档案资料不断地被挖掘整理，威尼斯共和国的贵族政治史研究在19世纪末20世纪初开始进入第一个发展阶段。这一时期的研究主要集中在对威尼斯共和国的贵族政治体制的考察上。威尼斯中央一级的政府构成如何，各机构和部门是如何协调运作来维持共和国的正常发展和社会稳定等问题是这段时间意大利学者研究的重点。收录在1899年出版的《威尼斯历史文集》中，由意大利史学家恩里克·贝斯塔(Enroco Besta)撰写的专题论文《威尼斯共和国的元老院：起源，体制，职权和仪式》("Il Senato Veneziano：origine，costituzione，attribuzioni e riti")①是最早的一批研究威尼斯共和国贵族统治机构的代表作之一。这之后，相关的研究著作也接连问世，其中意大利学者约瑟夫·马拉里尼(Giuseppe Maranini)在1927年至1931年陆续出版的两卷本《威尼斯政治体制：从起源到"关闭"大议会》(*La Costituzione di Venezia：dalle origini alla serrata del Maggior Consiglio*)②是第一部全面介绍威尼斯共和国贵族政体起源和发展的专题著作。

意大利学者在20世纪前半期对威尼斯贵族政治的研究还停留在传统的政治制度史的考察范畴之内。这一时期的研究者们希望通过对政治体制的剖析来揭开威尼斯政治的"神秘"面纱，他们的工作也的确给后来的研究者们提供了进一步研究的基础。"二战"之后，威尼斯贵族政治的研究开始从单纯的体制构成分析转向对贵族阶层自身以及同其他社会阶层合作与斗争的考察。这种由制度构成到统治方式的研究思路转变也在很大程度上弥补了之前研究中对威尼斯贵族政治非赞即贬的片面态度。20世纪中期的几部研究著作

---

① Enroco Besta，"Il Senato Veneziano：origine，costituzione，attribuzioni e riti"，*Miscellanea di storia Veneta*，2d ser.，vol. 5，Venezia：a spese della società，1899，pp. 1-290.

② Giuseppe Maranini，*La Costituzione di Venezia：dalle origini alla serrata del Maggior Consiglio*(2 *vols.*)，Venezia：La Nuova Italia，1927—1931.

就在贵族人物、权利关系和政治思想等方面提出了新的理论观点，拓宽了威尼斯贵族政治史的研究领域。

首先是意大利学者加尔塔诺·孔慈(Gaetano Cozzi)出版于1958年的《尼可洛·康塔里尼总督：17世纪初威尼斯贵族研究》(*Il doge Niccolò Contarini: Ricerche sul patriziato veneziano agli inizi del Seicento*, 1958)①。此书对16世纪末17世纪初的威尼斯贵族群体进行考察，分析这一时期面临教皇国宗教制裁的压力下，威尼斯的贵族政府是如何在总督的带领下，对威尼斯的政治体制进行改革，限制十人会议的权力，维护共和国的独立与自治。通过分析，作者认为威尼斯的贵族政治是开放并具有包容性的，共和体制下的贵族政治与这一时期的专制主义政府有着本质的区别。

另一位意大利史学家安杰罗·文图拉(Angelo Ventura)则将研究方向转到国内社会阶层关系的考察上。他的《15、16世纪威尼斯社会的贵族与平民》(*Nobilità e popolo nella società veneta del* '400 *e* '500, 1964)②将研究中心置于威尼斯对大陆领土主权的扩张过程中，考察威尼斯中央政府通过何种方式削弱地方权贵的自治与权威；在作者看来，这种做法是由于威尼斯政府意识到落后的封建主义经济方式导致其大陆行省发展缓慢，使得它们容易成为法国等北方邻国的侵略目标。作者的这种将威尼斯与其大陆行省的关系作为研究对象的思维方向，反映了这一时期意大利的学者已经开始意识到作为一个地区国家(a regional state)，威尼斯的贵族政治并非是一个整体，其政治和法律体系存在着地区和城市差异。

英美学者在这一时期的主要贡献在于对威尼斯贵族统治思想发展的研究。其中最有影响的是美国学者威廉·鲍思马(William Bouwsma)的《威尼斯与共和自由的捍卫：反宗教改革时期的文艺复兴价值》(*Venice and the Defense of Republican Liberty: Renaissance*

---

① Gaetano Cozzi, *Il doge Niccolò Contarini: Ricerche sul patriziato veneziano agli inizi del Seicento*, Venezia: Istituto per la Collaborazione Culturale, 1958.

② Angelo Ventura, *Nobilità e popolo nella società veneta del* '400 *e* '500, 2d ed., Milano: Edizioni Unicopli, 1993.

Values in the Age of the Counter Reformation, 1968)。他将16、17世纪威尼斯贵族内部"老人"(*vecchi*)与"年轻人"(*giovani*)的斗争，以及威尼斯与教皇国的斗争比喻为近代文艺复兴精神与中世纪思想的对抗。威尼斯对教皇国宗教制裁斗争的胜利以及贵族阶层"年轻人"取代"老人"掌握统治权不仅标志着威尼斯共和国迈向近代社会，更使得它的共和主义理念得以传播到英国乃至新世界的美国。① 作者关于文艺复兴共和主义思想与现代共和思想之间关系的研究在当时英美史学界产生了巨大影响，其主要观点在之后的美国学者波科克(J. G. A. Pocock)的《马基雅维利时刻：佛罗伦萨政治思想与大西洋共和传统》(*The Machiavellian Moment*: *Florentine Political Thought and the Atlantic Republican Tradition*, 1975)②一书中得到了深化与发展。

上述研究在很多方面都属于开拓之作，为"二战"后的文艺复兴威尼斯研究确立了基本的框架，是我们进行进一步研究的基础。虽然他们讨论的主题都比较大，研究的面和时段也铺得很开，使得在具体时段和具体问题上的研究未能详细的展开，以小见大的研究也还不多，但它们在研究理论和方法上仍是颇具启发性的。

三、新的研究趋势

20世纪80年代以来，威尼斯的贵族政治史研究出现了新动向，与社会史结合的社会政治史研究以及对政治人物、政治事件的再认识和新解读成为这一时期的研究新趋势。这一时期的贵族政治史研究不再仅仅强调贵族政治本身，而是更加突出贵族统治阶层的思想和行为观念与转型时期威尼斯的社会政治之间的关系，威尼斯的贵族阶层不再仅仅作为一个群体的形象供学者们研究，贵族阶层的分化现象以及不同地位、不同家族的贵族及其行为特征都成为当

① William J. Bouwsma, "Venice and the Political Education of Europe", Hale, J. R. (ed.), *Renaissance Venice*, London: Faber & Faber, 1974, pp. 445-466.

② J. G. A. Pocock, *The Machiavellian Moment*: *Florentine Political Thought and the Atlantic Republican Tradition*, Princeton & Oxford: Princeton University Press 1975.

今史学家们考察研究的具体对象。

意大利学者加尔塔诺·孔慈(Gaetano Cozzi)在这一时期开始借鉴社会史的研究方法，对文艺复兴晚期的威尼斯贵族政治和司法体制展开研究。在他于1980年编撰的两卷本论文集《15—18世纪威尼斯共和国的社会与司法》(*Stato, Società e Giustizia nella Repubblica Veneta, sec. XV-XVIII*)①和1982年出版的专著《威尼斯共和国与意大利城市国家：16世纪至18世纪的政治与司法》(*Repubblica di Venezia e Stati italiani: Politica e Giustizia del secolo XVI al secolo XVIII*)②中，孔慈通过对威尼斯共和国中央政府机构各部门以及中央和地方行省之间互动关系的分析和考察，打破了之前对威尼斯共和国从中央到地方实行的都是贵族共和制政治的认识，威尼斯共和国的政治统治在不同的地区呈现出多元化的特征。

与意大利学者将目光转向威尼斯共和国中央和地方政治关系的研究不同，英美学者仍然围绕着威尼斯共和国的中央统治集团展开研究。美国学者罗伯特·芬莱(Robert Finlay)的《文艺复兴时期威尼斯的政治》(Politics in Renaissance Venice, 1980)以桑努托、普留尼等人的日记作为主要的研究材料，对15、16世纪的威尼斯贵族政治进行了全面的考察。他认为，虽然文艺复兴时期威尼斯的现实政治状况并非如“威尼斯神话”所描述的那样公正与完美，但共和国贵族政治中暴露出的选举和党派斗争并没有从根本上动摇威尼斯长期稳定的社会格局，相反这些政治上的缺陷与腐败能在一定程度上消化和排解贵族政治中的压力与不满，从而达到表面上的和谐一致。芬莱的观点一方面继续强化了威尼斯贵族政治是社会稳定的基础这一传统的正面观点，另一方面通过将政治腐败与政治德行相联系，侧面反击了贵族腐化堕落是共和国衰亡原因的观点。

了解威尼斯的贵族政治要从认识贵族这一独特的阶层入手。美

---

① Gaetano Cozzi, *Stato, Società e Giustizia nella Repubblica Veneta, sec. XV-XVIII*(2 *vols.*), Rome: Jouvence, 1980.

② Gaetano Cozzi, *Repubblica di Venezia e Stati italiani: Politica e Giustizia del secolo XVI al secolo XVIII*, Turin: Einaudi, 1982.

国学者唐纳德·奎勒(Donald E. Queller)的《威尼斯贵族：现实与神话》(The Venetian Patriciate ：Reality versus Myth，1986)①就试图通过对威尼斯贵族不道德和腐败行为的考察，推翻"威尼斯神话"对贵族政治的描述。作者认为"神话"不能等同于现实，但同时"神话"中赋予的贵族形象在一定程度上约束了贵族现实的政治行为，这种矛盾与张力反映了威尼斯贵族政治的复杂性。除此之外，作者在论述中也注意到了贵族阶层中的贫富分化问题，他认为正是由于这种贫富差距的出现，导致了一系列的贿选、贪污等行为的出现，贫困的贵族通过出售投票权和被选举资格也直接导致了威尼斯贵族统治权力的日趋集中。

进入90年代，意大利学者除了集多人之力耗时6年编撰了12卷本的《威尼斯通史：一个最虔诚的共和国发展始末》(*Storia di Venezia*：*dalla Origini alla caduta della Serenissima*)②之外，在威尼斯贵族政治的专题研究中也不断有新成果问世。其中最有影响的是由历史学家克劳迪奥·博沃罗(Claudio Povolo)撰写的专著《荣耀下的阴谋：15至16世纪威尼斯共和国的权力与制度》(*L'intrigo dell'onore*：*Poteri e Istituzioni nella Repubblica di Venezia tra Cinque e Seicento*)。③ 该书考察的对象尽管还是威尼斯贵族政治的制度演变，但切入点已经由传统的法律规章转向贵族阶层内部的权力斗争，并且该书还将这一时期政治的发展同文艺复兴威尼斯的社会发展背景相结合，使得读者对这一时期威尼斯政治发展的认识更为生动和深刻。

而在新千年之交出版的论文集《威尼斯再思考：一个意大利城市国家的历史与文化，1297—1797》(*Venice Reconsidered*：*the History*

---

① Donald E. Queller, *The Venetian Patriciate*：*Reality versus Myth*, Urbana & Chicago：University of Illinois Press, 1986.

② Alberto Tenenti&Ugo Tucci (eds.), *Storia di Venezia*：*dalla Origini alla caduta della Serenissima* (12 *vols.*), Rome：Istituto della Enciclopedia italiana, 1992—1998.

③ Claudio Povolo, *L'intrigo dell'onore*：*Poteri e Istituzioni nella Repubblica di Venezia tra Cinque e Seicento*, Verona：Cierre, 1997.

and Civilization of an Italian City-State, 1297—1797, 2000)则集中展示了一批文艺复兴威尼斯研究的最新成果，代表了目前威尼斯研究的发展趋势。其中，威尼斯贵族政治以及思想文化依然是重点的研究领域，新的研究理论的产生和新资料的不断发掘整理使威尼斯政治及其立法行政机构的研究不再局限于传统“经典模式”的表达，对威尼斯贵族政治复杂的社会和经济根源进行分析和解读成为可能。对16世纪威尼斯重大事件的再解读和新思考也成为研究这一时期威尼斯政治发展的重要切入点，如从阿纳迪洛战役的影响入手，分析16世纪威尼斯的共和主义政治(Edward Muir, “Was there Republicanism in the Renaissance Republics? Venice after Agnadello.”)；从博洛尼亚和约分析威尼斯在意大利战争之后面临的“新”的政治状况和社会现实(Elisabeth Gleason, “Confronting New Realities: Venice and the Peace of Bologna, 1530.”)。① 这种从具体事件入手分析其背后的原因以及与当时社会政治、经济关系的研究方法集中体现了新时期威尼斯贵族政治研究的方向和趋势。

纵观西方学界近30年的研究，可以发现对威尼斯贵族政治的考察从单纯的制度史研究向着更为广泛社会政治史研究发展。将对贵族政治的研究置于整个社会的动态发展中进行考察是今后威尼斯贵族政治史研究的一个基本方向，而研究的切入点也开始从宏大的社会政治背景向更为具体的事件和材料转变。这种新的研究趋势和研究方法也是本书所要遵循的。

国内方面，一些通史性的著作和少量外文译著中会涉及威尼斯及其城市的发展，但这些论述基本上较为零散，语焉不详。专题性的研究目前仅有一篇关于威尼斯贵族阶层的介绍性研究。② 因此关于这一课题的专题研究在国内仍较为缺乏，有着广阔的研究空间。

总的来说，目前西方学界关于威尼斯贵族政治的研究已经比较

---

① John Martin & Dennis Romano(eds.), *Venice Reconsidered: the History and Civilization of an Italy City-State*, 1297—1797, pp. 137-167, pp. 168-184.

② 李洁:《文艺复兴时期的威尼斯贵族研究》，四川大学硕士学位论文，2007年。

图 0-1　1500 年威尼斯鸟瞰图（木版画，作者雅克布·德·巴巴里，伦敦大英博物馆藏）

成熟，但仍存在不足或有待加强，主要体现在以下几个方面：一是在研究时段上较为笼统，一般以“文艺复兴时期”作为基本的时间界定，特别是在政治史这方面，没有对从中世纪向近代转型这一时期的政治发展做全面的详细考察；二是关于威尼斯贵族政治内部体制和政府运作的研究较多，但在揭示贵族政治与社会生活的互动关系上缺乏全面的综合性研究；三是虽然研究者们意识到了近代早期是威尼斯共和国发展的关键时期，但较少展示这一时期威尼斯贵族政治与威尼斯社会变化发展的关系。关于威尼斯共和国在近代早期究竟是开始走向衰落，还是继续保持稳定的向上发展？在这一过程中，其贵族政治经历了哪些发展？它对这一时期威尼斯起的究竟是阻碍还是推动作用？目前，这些问题在史学界还存在着一定的争议。因此，对转型时期威尼斯的贵族政治与社会发展的关系还有进一步深化讨论的必要。

笔者希望能在上述的几个方面有所突破，在基于前人研究的基础上，结合相关原始材料和一手资料，对转型时期威尼斯的贵族政治与社会发展的关系进行综合考察，力图通过本书揭示其贵族政治在转型时期威尼斯社会发展中的作用与影响。

第一章

威尼斯共和国及其贵族政治的早期发展

威尼斯共和国是其贵族政治形成和发挥作用的舞台。本章将从威尼斯共和国的兴起和早期发展直至15世纪末、16世纪初威尼斯共和国的社会经济与人口结构状况这两个方面，阐述威尼斯贵族政治的历史和社会背景，并对其早期发展进行简单的论述。

第一节　威尼斯共和国的形成与早期发展

威尼斯位于意大利东北部滨临亚得里亚海的泻湖区(Lagoon)。早在罗马帝国统治时期，这片地区就被称为威内提亚(Venetia)。该地区主要由沿海的礁石岛屿和上游河流携带的泥沙冲积而成的滩涂、沼泽所组成。由于地理条件较为恶劣，在早期并没有长期的定居者，只有附近的一些渔民和船夫在这一水域依靠捕鱼和制晒海盐来维持生计。不过该地区滨海的独特条件使得其在地中海气候控制下的炎热夏季依然气候宜人，因此逐渐发展称为周边大陆地区，如帕多瓦(Padua)和阿奎雷阿(Aquileia)等地贵族和富裕市民的避暑胜地。罗马帝国也为此在泻湖区的外围修筑环形的沙坝(lidi)来保护泻湖区免受亚得里亚海上风暴的侵袭。风平浪静的泻湖区也因此吸引了更多的渔民和船夫来此定居。根据当时驻拉文纳(Ravenna)要塞①的罗马官员卡西奥多鲁斯(Cassiodurus)的记载，这些渔民的驾船技术高超，“如水鸟一般，忽而海上，忽而陆地”；同时，由于这里资源单一，定居于此的人们生活比较平等，卡西奥多鲁斯的记载显示“这里只有鱼是充足的。人们无论贫富，都平等地生活在一起，分享同样的食物和住所。在这里没有必要去嫉妒他人，人们也因此远离了堕落和不道德的外部世界”②。

公元568年，伦巴第人开始入侵意大利，大批意大利本土城市的居民逃往威尼斯泻湖区寻求避难场所。随着西罗马帝国的灭亡和蛮族伦巴第王国的建立，许多难民选择了在此定居，不再返回大陆本土。不过，这些难民定居者的到来改变了泻湖区原本简单而平等的社会生活结构。根据当时残留下来的少量遗嘱和契约显示，这些避难者中不少人将其本土的财产携带转移到了威尼斯，这其中有富裕的地主，靠收取佃户缴纳的鸡蛋和家禽作为地租；也有一些拥有一定数量的牲畜，以及花园和果树园的财产所有人。同时考古发现还显示这一时期威尼斯已经有了玻璃制造场和豪华的石质房屋。③这说明了泻湖区早期原始平等的社会生活已经不复存在。

泻湖地区在西罗马帝国灭亡后并没有归顺伦巴第王国，而是接受来自东罗马拜占庭帝国的统治。为了维护自身的安全，泻湖区的定居者于公元697年选举产生了一名军事首领，称为公爵(dux)，他后来也被认为是威尼斯的第一任总督(doge)。随着定居人数的增加，在泻湖区形成了若干个人口聚居的中心，其中里沃尔托岛

---

① 拉文纳：位于威尼斯以南约75英里的罗马城市，是当时威内提亚地区的主要城市和沿海要塞。威尼斯当时主要向其提供海产和海盐等生活补给。西罗马帝国灭亡后，拉文纳成为东罗马帝国在这一地区继续实行统治的中心。

② Frederic C. Lane, *Venice: a Maritime Republic*, Baltimore & London: The Johns Hopkins University Press, 1973, pp. 3-4.

③ Frederic C. Lane, *Venice: a Maritime Republic*, p. 4.

(Rivoalto,“堤坝高地”之意)①及其周边小岛屿成为主要的人口聚集区，后来的威尼斯城也围绕这一地区建立发展起来。但直到一个多世纪之后，拜占庭帝国皇帝才在9世纪确认了威尼斯及周边地区公爵领地(dogado)的地位，将其视为拜占庭帝国的一部分。威尼斯城的总督虽然还是由当地居民选举产生，但实际上他必须接受拜占庭帝国的控制和管理。不过随着拜占庭帝国在与伦巴第王国的交战中失利，帝国失去了在意大利统治的中心拉文纳，全面退出意大利本土，威尼斯也从实质上摆脱了拜占庭帝国的控制，进入独立自治发展的阶段。

公元1000年左右，威尼斯城已初具规模。它由泻湖区大大小小几十个相对独立，但同时又通过河道彼此相连的小岛屿合围而成。呈倒“S”形的大运河(the Grand Canal)穿城而过，将整座城市分为东西两大部分。位于大运河中点的里亚尔托桥成为威尼斯城的商业中心，而位于大运河出海口附近的圣马可广场(Piazza San Marco)则发展成为城市的政治和宗教文化中心。(参见图1-1)威尼斯城滨海而立的地理位置和被海水所环绕的城市环境，使得它同中世纪复兴的其他城市相比，具有以下几个特点：一、“诞生于海上的威尼斯”是当时意大利唯一一座没有城墙保护的城市，环绕的海水是威尼斯对外交流的直接渠道，也是其防御外敌的天然屏障；二、周边没有乡村和封建庄园土地作为城市的资源基础和补给储备，因此除了食盐以外，其他一切生存必需的资源都必须依赖进口；三、由于缺乏土地资源和城内各区域相对独立的紧凑式布局，使得威尼斯城内手工业的发展受到诸多限制，对城市经济发展的贡献在很长一段时间里比不上对外贸易所创造的利润。不过，正是由于威尼斯城的这种独特的地理环境，使得它从其发展之初就具有一种危机意识和寻求对外扩张发展的冒险精神。

① 里沃尔托岛(Rivoalto)即后来的里亚尔托(Rialto)，威尼斯城建立后发展成为其商业中心。

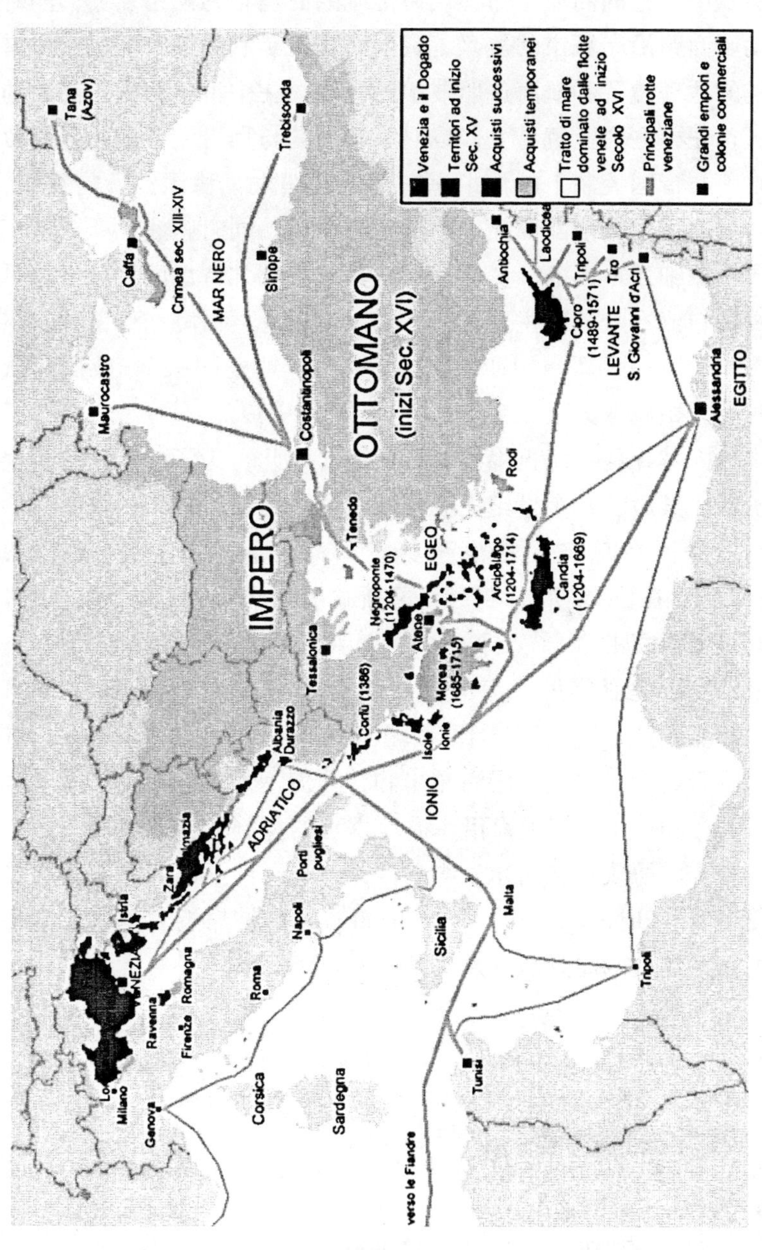

图1-1　威尼斯共和国的海外领地（15—16世纪）

西欧中世纪的商业革命不仅使传统的商业贸易网络复苏，同时也推动了商路沿岸城市的复兴。威尼斯城正是利用这一契机，凭借其优越的地理位置和航海造船技术的优势，在中世纪获得了巨大的发展。首先，在商业贸易上，威尼斯利用其与拜占庭帝国的传统贸易联系，与帝国控制下的地中海东部地区建立了稳固的贸易往来，成为拜占庭帝国向西欧商品输出的主要通道。同时，威尼斯在这一时期同小亚细亚地区的商贸活动，使其成为利凡特地区食品、香料等重要资料流入欧洲的主要入口。其次，作为拜占庭和穆斯林的东方世界与拉丁—日耳曼的西方世界之外的"独立国家"，威尼斯从这一时期开始就致力于成为东西方世界的中间人，通过国家和军事实力来巩固其在地中海世界的贸易优势。因此，为了树立并垄断这一身份，在其后的几个世纪里威尼斯与周边其他城市和国家展开了激烈的竞争。在总督皮特洛·奥索雷昂二世(Pietro II Orsoleo，991—1009年在位)统治时期，威尼斯政府组织商船舰队通过肃清在北亚得里亚海的那雷丁(Narentine)和克罗奥特(Croatian)海盗，成功地控制了北亚得里亚海的商贸航路。① 之后，威尼斯在1204年利用商船舰队运送第四次十字军东征之际，攻陷君士坦丁堡，将势力范围第一次延伸至地中海东岸和爱琴海海域，② 不仅获得了对扎拉(Zara)和达尔马提亚海沿岸商业据点的控制权，还通过与拜占庭皇帝签署的协议，将巴尔干半岛西部、爱琴海的重要岛屿和从安德里亚洛浦(Adrianople)至加里波(Gallipol)一带靠近君士坦丁堡的地区纳入共和国的海外版图之中。③

---

① Vitaliano Brunelli, *Storia della citta di Zara: Dai tempi piu remoti sino al 1409 compilata sulle fonti e integrata da tre capitoli sugli usi e costume*, Trieste: LINT, 1974, p. 274.

② Donald MacGillivray Nicol, *Byzantium and Venice: A Study in Diplomatic and Cultural Relations*. Cambridge: Cambridge University Press, 1988, pp. 124-147.

③ Giorgio Ravegnani, "La Romania veneziana", in *Storia di Venezia. L'eta del Comune*, GiorgioCracco & Gherardo Ortalli (eds.), II: 183-231, Rome: Enciclopedia Italiana, 1995, pp. 183-191.

不过这一时期，威尼斯在海上的对外扩张并非一帆风顺。同样依靠发展海外贸易而兴起的意大利城市国家热那亚(Genoa)从13世纪开始就与威尼斯为争夺东地中海的控制权展开了激烈的斗争。前后持续了一个多世纪的四次热那亚战争虽然互有胜负，但1381年的基奥贾战役对于双方来说都是具有决定性意义的一战，共和国的商船舰队在离泻湖区不远的威尼斯湾成功击退热那亚的舰队，维护了自身在北亚得里亚海地区的商业霸权。① 不过在地中海东岸和爱琴海地区，威尼斯却损失了一些重要的海外商业据点和殖民地。1358年，威尼斯在同位于巴尔干半岛的匈牙利王国(Kingdom of Hungary)的战争中失利，被迫签订和平协议放弃对达尔马提亚地区的控制和贸易垄断。达尔马提亚的沦陷对威尼斯的打击比较大，因为这直接影响了威尼斯在达尔马提亚地区的盐业贸易，同时也失去了直接通往巴尔干地区的陆路交通以及沿途的补给港口和舰队劳动力的补充。② 直到15世纪初威尼斯才重新夺回达尔马提亚海域的控制权。此外，威尼斯在爱琴海海域的战略要地克里特岛于1363年发生叛乱，当地土地贵族联合希腊的势力企图推翻威尼斯在当地的政府，威尼斯为此投入大量舰队和雇佣兵前往镇压。③

威尼斯在中世纪晚期对外扩张的过程中，投入大量人力物力和财力，换来的是在商业贸易上获得的巨额财富和在地中海世界中的海上霸权地位。到了15世纪，威尼斯共和国已经成为一个名副其实的商业帝国，它的"海外领地"(Stato da Mar)延伸至近东和北非地区，并在通往拜占庭帝国和利凡特地区的主要商路上建立了一连串的商业据点，一些重要的岛屿和要塞成为威尼斯共和国的海外殖

① Frederic C. Lane, *Maritime Republic*, pp. 195-196; Elisabeth Crouzet-Pavan, *Venice Triumphant: The Horizons of a Myth*, trans. Lydia G. Cochrane. Baltimore: The Johns Hopkins University Press, 2002, pp. 75-79.

② Gaetano Cozzi& Michael Knapton, *La Repubblica di Venezia nell'eta moderna* (2vols.), Turin: UTET, 1986, Vol. I, pp. 4-5.

③ Sally McKee, "The Revolt of San Tito", in *Mediterranean Historical Review* 9 (1994), pp. 173-204.

民地。威尼斯建立的这个海上商业帝国不仅为其在近代早期的发展提供了强大的经济支持，而且在这一过程中建立的国家武装舰队也以其强大的军事实力为国内民众提供了安全保障。15 世纪中期，威尼斯的元老院(the Senate)就公开表示“共和国的海外领地是保障国家和城市安全，维护共和国商业利益的重要部分，因此也是政府工作日程中的重要议题”。①

在这一时期，威尼斯对于海上扩张和海外领地的重视，从一个侧面反衬出其对待意大利大陆本土(Terra Faerma)的矛盾情绪。威尼斯共和国在发展初期所面临的国际环境较为复杂，政治上四分五裂的意大利地区却存在着不同性质的国家和城市自治体，北方的神圣罗马帝国皇帝同教皇的矛盾也使得意大利屡次成为双方斗争和争夺的焦点。为了维护自身的独立地位和商业利益，威尼斯起初奉行的是大陆均势的外交政策：一方面，在保持与意大利本土城市国家的友好关系时坚持独立，既不参与意大利本土的政治斗争，也不与其他城市和国家结盟，使威尼斯在中世纪晚期避免了被卷入如意大利其他城市国家那样(圭尔夫派和吉伯林派)的党派斗争的局面之中；另一方面，在处理与教皇和神圣罗马帝国皇帝之间关系的过程中，尽量保持中立，并与各方保持合作关系。这其中最有影响的一个事例是公元 1177 年，在威尼斯总督塞巴斯蒂亚诺·詹尼(Sebastiano Ziani)的斡旋主持下，教皇亚历山大三世与神圣罗马帝国皇帝弗雷德里克·巴巴罗萨(Frederick Barbarossa)在威尼斯会面，并签署和平协议，神圣罗马帝国皇帝在此次会面之后放弃了对北部意大利的控制，许多意大利城市(包括威尼斯)也由此获得了法律上的自治权。威尼斯作为中立的第三方力量主持这次历史性会面而在意大利和天主教世界赢得了广泛的声誉，同时这也在政治上标志

① Archivio di Stato, Venezia (ASV), Senato Mar, reg. 1, f. 67v, 1441 Nov. 11. 转引自 Tenenti, “Senso dello stato”, in Alberto Tenenti & Ugo Tucci (eds.), *Storia di Venezia: Il Rinascimento. Politica e cultura*, Vol. IV, Rome: Enciclopedia Italiana, 1996, n. 6.

着威尼斯共和国的海上权威得到了确认和巩固。①

但随着威尼斯海外扩张的深入以及从 14 世纪开始日益激烈的海上贸易竞争，威尼斯开始意识到面向西部进行大陆本土扩张的必要性和可能性。威尼斯向大陆扩张的步伐最早可以追溯到 1308 年，在试图对费拉拉进行吞并失败后，威尼斯将目标转向了离自己更近的特雷维索(Treviso)地区，并最终于 1389 年成功将其纳入控制范围。威尼斯在 14 世纪对大陆本土的扩张在很大程度上是出于经济方面的考虑，比如大陆本土可以为威尼斯城提供更加充足和有保障的粮食和食盐的供给，在本土的扩张可以为其香料贸易和货物交换贸易提供更加安全的陆路商贸线路。② 进入 15 世纪，威尼斯向大陆扩张的步伐也逐渐加快。1405 年，威尼斯周边的维琴查(Vicenza)、维罗纳(Verona)和帕多瓦(Padua)三城及其周边乡村臣服于威尼斯的统治，之后威尼斯继续向西扩张，至 15 世纪中期，威尼斯共和国在西部本土的势力范围已经扩张至内陆的伦巴第平原。距米兰公国边界仅 25 英里之遥的布雷斯其亚(Brescia，1426)，贝加莫(Bergamo，1428)和克雷玛(Crema，1447)这三座拥有肥沃土地和发达农业经济的城市成为威尼斯向西部扩张的前沿要塞。③ 威尼斯"大陆领地"(Stato di Terraferma)在 15 世纪的确立不仅使威尼斯的版图面积扩大了两倍之多，更令威尼斯共和国在 15 世纪成为与北方的米兰公国、佛罗伦萨共和国、中部的教皇国以及南部的那不勒斯王国并立的五大政治势力之一。(见图 1-2)

---

① 更多关于此次会面的意义及其影响参见：David S. Chambers, *The Imperial Age of Venice*, 1380—1580, London: Thames and Hudson Ltd., 1970, p. 17; Edward Muir, *Civic Ritual in Renaissance Venice*, New Jersey: Princeton University Press, 1981, pp. 103-119; Frederic C. Lane, *Venice: a Maritime Republic*, pp. 57-58.

② Nicolai Rubinstein, "Italian Reactions to Terraferma Expansion in the Fifteenth Century", in J. R. Hale (ed.), *Renaissance Venice*, p. 198; Frederic C. Lane, *Venice: a Maritime Republic*, pp. 225-226; David S. Chambers, *The Imperial Age of Venice*, 1380—1580, p. 54.

③ David S. Chambers, *The Imperial Age of Venice*, 1380—1580, p. 55.

图 1-2　16 世纪威尼斯共和国大陆领地

15 世纪末 16 世纪初，威尼斯共和国的发展达到顶峰。它不仅拥有地中海广阔的商业殖民地，掌控这一地区重要的贸易航路，为共和国的发展提供源源不断的财富支援，还将意大利本土肥沃的大陆领地作为其生产物资供应的基地和国家战略安全的缓冲地。它在中世纪晚期的扩张与发展是这一时期意大利城市国家的一个典型缩影。不过，威尼斯共和国的统治者们在对待大陆本土扩张问题上一直存在着争议，并且一直强调威尼斯海上霸权和优势地位的重要性，[①] 但在将大陆领土作为威尼斯安全防卫的屏障，提高威尼斯在欧洲的国际威望，以及弥补或平衡在海外贸易和战争中的损失等方面，统治者们还是表示出了一致的支持。威尼斯共和国也在向大陆扩张的进程中被逐步地拖入了意大利政治势力斗争的格局之中。这种既希望作为中立第三方维护半岛均势格局，又因追逐国家利益最

① 相关争论参见：Alberto Tenenti, "The Sense of Space and Time in the Venetian World", in J. R. Hale (ed.), *Renaissance Venice*, pp. 19-24；Nicolai Rubinstein, "Italian Reactions to Terraferma Expansion in the Fifteenth Century", ibid, pp. 208-209. 有关这一争论对 16 世纪贵族政治的影响参见本报告第三章的论述。

大化而不得不卷入其中参与竞争的矛盾在16世纪的威尼斯贵族统治者身上体现得更为明显。

第二节　16世纪威尼斯共和国的社会结构与经济状况

一、威尼斯共和国的经济状况

威尼斯被认为是欧洲中世纪商业和城市复兴后欧洲出现的“第一个经济世界”的中心。① 它在中世纪晚期建立的包括海外贸易领地和大陆本土行省的强大商业帝国是其成为意大利地区乃至西欧强国的重要基础和信心来源。威尼斯在中世纪晚期从这种商业活动中获得财富的过程同共和国的发展壮大齐头并进，贵族统治阶层也在这一过程中通过有效的领导和管理，维护了威尼斯繁荣的社会局面和经济优势地位，树立了很高的政治威望，而这种政治声望在威尼斯也转化成了一种统治手段。

当西欧其他地区在公元9世纪还忙于领土的侵略和冲突时，威尼斯的定居者就已经开始致力于商业贸易活动了。关于威尼斯贵族阶层早期的资本来源问题，由于缺乏资料，还不是很清楚。据经济史学家推测，可能有些逃难至威尼斯的土地贵族将地产转换为流动资产投资商业。不过可以确定的是，威尼斯的商人就是在这一时期依靠出口海盐和为拉文纳提供船只货运服务积累了足够开展大规模商业贸易的原始资本。② 从9世纪威尼斯一位总督的遗嘱中就可以发现，其留下的遗产高达1200斤白银。③

由于威尼斯整座城市坐落于海上，既没有土地资源也没有淡水

① ［法］费尔南·布罗代尔：《十五至十八世纪的物质文明、经济与资本主义（三卷本）》，北京：生活·读书·新知三联书店，2002年版，第3卷，第86～141页。

② ［英］M·M. 波斯坦等主编：《剑桥欧洲经济史（第三卷）·中世纪的经济组织和经济政策》，第14～15页。

③ ［法］费尔南·布罗代尔：《十五至十八世纪的物质文明、经济与资本主义（三卷本）》第3卷，第105页。

资源，只有海盐资源是充足的，威尼斯人“不耕地，不播种，也不采摘葡萄”，维持城市生存所需的一切资源基本上全部依靠商业贸易交换来取得。威尼斯人最初利用海盐和鱼从内陆换取小麦、橄榄油和葡萄酒等生活物资，之后他们充分利用了其优越的地理位置以及同拜占庭帝国良好的关系，在东地中海的对外贸易中取得了大量的经济特权，如减免关税、降低船只运输费用以及优先使用威尼斯的商船运送货物等。威尼斯正是凭借这一优势在这一时期几乎完全垄断了从君士坦丁堡和小亚细亚地区港口向西方运输货物的贸易。威尼斯也从中获得了巨额利润。据估算，威尼斯的商船将从西欧本土收购的木材和矿石等资源运送到北非利凡特地区销售后，购买香料、丝绸等来自东方的奢侈品返回威尼斯进行销售，其利润有时甚至高达1200%。① 到了11世纪末，威尼斯城充满了富裕的商人，他们持有大量的船舶股票，在河口的一些岛屿旁沿着停泊滨和码头，还鳞次栉比地排列着他们的商店和停船所。② 当时的诺曼诗人亚普利亚的威廉就在其诗歌中歌颂道：“威尼斯的商业洪流已这样壮阔。”③

14世纪中期当西欧的封建领土国家在黑死病和由此引发的经济衰退中迟迟得不到恢复时，威尼斯这个城市共和国迅速从人口减少的困境中恢复过来，在经济和对外贸易中继续保持活跃。这一时期威尼斯在与热那亚的商业竞争中获得胜利，几乎控制了从东方经地中海向欧洲运送商品的所有贸易商路，共和国的货币和财政税收体系也建立起来，依托政府出资修建并管理的造船厂——“兵工厂”(Arsenal)④和里亚尔托的国际商贸市场，威尼斯真正成为地中

① [美]汤普逊：《中世纪社会经济史(300—1300)》(上册)，耿淡如译，北京：商务印书馆，1997年版，第403页。

② [比利时]亨利·皮朗：《中世纪欧洲经济社会史》，乐文译，上海：上海人民出版社，2001年版，第18页。

③ [美]汤普逊：《中世纪社会经济史(300—1300)》(上册)，耿淡如译，北京：商务印书馆，1997年版，第403页。

④ “兵工厂”(*arsenal*)一词源于阿拉伯语 darsina'a，意思是一个“加工的地方”。这也从一个方面验证了威尼斯与阿拉伯世界的商业与文化联系。

海乃至欧洲唯一的强大经济中心。来自爱琴岛的葡萄酒和食糖，埃及和小亚细亚的丝绸、珠宝、香料和染料，非洲的金子、象牙和黑奴，英格兰的锡，佛兰德斯的羊毛和织布以及德意志的铜和钢源源不断地涌入威尼斯的里亚尔托商业中心进行交易。“拥挤的商业广场上进行着全世界的商业交易，但并不是在喧哗和混乱中，而是在压低的哼哼声中进行；在广场四周和附近街道的门廊里边坐着数以百计的兑换商和金匠，而在他们头上则是一排排一眼望不到头的店铺和批发栈。”至15世纪末威尼斯成为了“世界的珍宝箱”。①

除了发达的对外商业贸易，中世纪晚期威尼斯的手工业也有一定程度的发展。其中，为威尼斯在这一时期对外扩张发挥巨大作用，提供运输和武装支持的是造船业。因此，造船业在中世纪晚期成为威尼斯一项特别重要的事业。威尼斯的造船业在航海技术的推动下发展得很快，同时从13世纪末开始，共和国政府就开始资助建造能在航行时护送商贸货船的战舰。位于威尼斯城城最东边靠近亚得里亚海的地区因其地理优势，发展成为威尼斯的造船中心——“兵工厂”。它从13世纪开始就作为众多私人船坞的补充，同时政府也在这里组建自己的护送舰队。在这里，一个与露天水源的运河相连接的巨大的人工水池中，政府雇佣工人，包括木匠、篷帆制造者、修补船缝的手工匠以及船舰的设计师们，在这个制造厂的高效生产装配线上建造着坚固和实用的各类船只，包括用于短途重载货运的圆底帆船(Round ship)以及用于远洋贸易和战争的长形桨帆船(Long ship)。

中世纪晚期，威尼斯的造船工业成为威尼斯除了对外贸易之外获利丰厚且稳定的经济来源。亚得里亚海沿岸城市，甚至远至大西洋沿岸的西北欧港口都可以见到威尼斯制造的船只繁忙运输的景象。威尼斯造船业的发达和“兵工厂”的制造规模连14世纪到访的诗人但丁都不禁在其《神曲·地狱篇》(*Inferno*，21：7-15)中感叹其为当时西欧最大的制造工厂。16世纪初，威尼斯贵族桑努托(Marin Sanudo)在其威尼斯颂文中介绍这座“兵工厂”(参见

---

① ［瑞士］雅各布·布克哈特：《意大利文艺复兴时期的文化》，第61页。

图 1-3)："(它)无疑是你能想象到的最好的景象。它的面积很大，占地约 20 斯塔第(stadii),① 位于圣马蒂诺堂区(San Martino)，四周被好看的城墙环绕。这里不间断地建造着用作战舰的大型桨帆船……每天大约有一千名工人在这里工作，你能在这里找到所有与造船相关的技术工人。兵工厂的四周就是水面，方便船只在造好后下水，然后离开兵工厂汇入大运河……"②除造船业外，威尼斯的纺织工业在 15、16 世纪也开始发展起来，依托其在对外扩张时期获得的大陆领土，威尼斯以丝织业为主，学习东方丝绸纺织技术，同时从希腊引进大批丝织工匠，为威尼斯城的丝织行业兴盛提供了技术前提与人力资源。威尼斯也因此成为当时欧洲利润丰厚的丝织品和奢侈品的主要出口地和交易中心。

威尼斯经济的繁荣在其财政收入上也体现得淋漓尽致。根据布罗代尔的统计，1423 年威尼斯城的财政收入约为 75 万杜卡特(ducat)③，按照财政收入约占国民收入 5%—10% 的比例计算，威尼斯城当年的国民毛收入高达 750 万至 1500 万杜卡特。这基本上同当时西班牙全国的国民毛收入平起平坐，与英格兰不相上下，而把意大利地区其他的城市国家，如佛罗伦萨、米兰、热那亚等远远地甩在了身后。而这仅仅只是计算了威尼斯城及其外围岛屿的财政收入情况，如果把它的大陆领土(46.4 万杜卡特)以及海外领地(37.6 万杜卡特)的财政收入算上的话，威尼斯共和国的财政年收

---

① 据史学家莱恩(F. Lane)考证估算，20 斯塔第(*stadii*)约合 60 英亩。Frederic C. Lane, *Venetian Ships and Shipbuilders in the Renaissance*, Baltimore: The Johns Hopkins University Press, 1992, p. 146.

② Marin Sanudo, Laus urbis Venetae: BCV ms. Cicogna 969, ff. 8v-19r, in David Chambers & Brian Pullan(eds.), *Venice, a Documentary History*, 1450—1630, pp. 18-19.

③ "杜卡特"(ducat)：文艺复兴时期威尼斯共和国流通银币。一"杜卡特"合 6 里拉(*lire*)4 所迪(*soldi*)。参见 David Chambers & Brian Pullan(eds.), *Venice: a documentary history*, 1450—1630, p. 461.

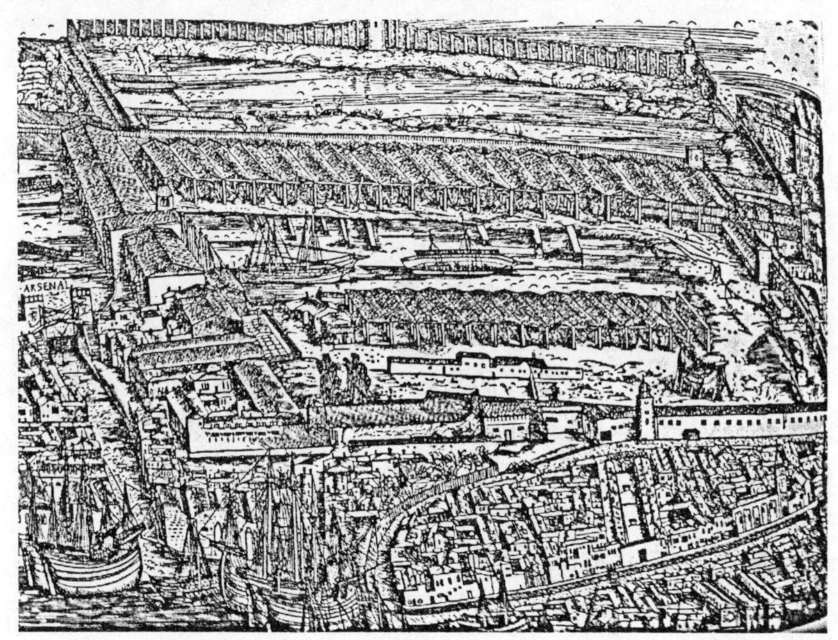

图 1-3　威尼斯的造船中心“兵工厂”（木版画，《威尼斯鸟瞰图》局部）

入将高达 159 万杜卡特，成为欧洲最富有的国家。①

二、人口与社会结构

（一）人口规模与构成

威尼斯城的人口规模在 16 世纪之前较为模糊。中世纪晚期威尼斯并没有留下更多人口统计和税收征收记录等资料用以进行人口估算，只能依据一些年代记里涉及的军队人数统计以及 1338 年政府在城内挨家挨户统计的成年男子数目做一番简单估算。据测算，公元 1200 年威尼斯城的人口至少有 8 万人，一个世纪之后这一数字增长到 12 万人，如果包括整个泻湖区居民定居点的话，人数大

① ［法］费尔南·布罗代尔：《十五至十八世纪的物质文明、经济与资本主义（三卷本）》，第 3 卷，第 120 ~ 121 页。

概接近16万人。① 威尼斯人口在这一个世纪的增长同这一时期西欧总的人口发展趋势相一致。整个西欧从11世纪到14世纪初，人口都呈现稳定增长的趋势。这种增长趋势在城镇人口数量中体现得更为明显，这一时期产生了一批人口超过5万、甚至接近或超过10万的大城市，如意大利的米兰、那不勒斯、佛罗伦萨和威尼斯，以及法国的巴黎等。②

西欧和威尼斯的人口增长被爆发于14世纪中期的"黑死病"所打断。1347年，威尼斯城"黑死病"的爆发被认为是这年秋季从克里米亚(Crimea)的卡发(Kaffa)港返航的威尼斯商船携带了鼠疫病毒的老鼠所致。③ 大约3/5的威尼斯居民在之后的8个月内感染鼠疫死亡。这一人口损失直到16世纪初才慢慢得到弥补，1500年威尼斯城的人口数量大致和两个世纪前的相同，约12万人。之后在16世纪下半期(1575—1577年)和17世纪上半期(1630—1631年)又各爆发了一次大的瘟疫，威尼斯城的人口每次减少1/3左右，但这一时期的人口损失已经比14世纪缩小许多，并且一般都可以快速得到恢复。

16世纪，意大利的威尼斯和佛罗伦萨等城市共和国开始将收集和统计数字资料作为政府日常工作的一部分，因此这一时期威尼斯的人口规模和发展趋势比较清楚。根据贝洛奇(G. Beloch)的统计，威尼斯城在1509年的总人口大约为10.2万人(将教会人员排除之后)，大约40年后，这一数字增长到约13万人，16世纪人口数的高峰值出现在1563年，为168627人。如果将威尼斯的大陆领土的人口也计算在内，威尼斯共和国的人口在16世纪中叶(1548年)已经达到1588741人，这一数字在下一世纪初(1622年)突破

---

① Frederic C. Lane, *Venice: a Maritime Republic*, p. 18.

② [英]M·M. 波斯坦等主编:《剑桥欧洲经济史(第三卷)·中世纪的经济组织和经济政策》，第30~31页。

③ Frederic C. Lane, *Venice: a Maritime Republic*, p. 19.

185 万人。① 对比意大利其他地区的这一时期因受战争和饥荒、瘟疫的打击，人口长期得不到恢复和补充的情况，威尼斯人口在 16 世纪大部分时期的稳定增长不仅是一个令人惊叹的事实，也成为其在 16 世纪社会稳定发展的一大佐证。

威尼斯城自中世纪以来其人口规模就在西欧位居前列，作为西欧当时的国际性的大城市，威尼斯的人口构成情况也有着自己的特点。威尼斯作为中世纪晚期地中海商业贸易的中心，不仅吸引了大批意大利本土周边城市和农村的剩余人口来此寻找工作和商贸机会，西欧和近东国家的商人和工匠也将威尼斯作为移民定居的首选。法国大使菲利普·德·康敏在 15 世纪末访问威尼斯时就曾感叹“这里大部分居民都是外国人”。② 除了在里亚尔托市场附近拥有巨大贸易商栈方达可（Fondaco dei Tedeschi）的众多德国商人之外，犹太人也是威尼斯人口中不可忽略的组成部分，他们的居住区捷托（Geto）被认为是欧洲最早的犹太人隔离区之一。16 世纪末，随着波斯人、亚美尼亚人和土耳其人的到来，威尼斯城比以往任何时候都更加的东方化了。③ 不过仅仅依靠这些外国的商人移民还是不足以维持威尼斯的人口规模，特别是这一时期西欧的城市普遍都没有自我更新和繁殖能力，城市的死亡率，特别是新生儿死亡率远远高于婴儿的出生率。如这一时期在威尼斯城内，只有不到 1/3 的人口年龄在 20 岁以下，因此其对周边地区年轻劳动力的需求是比较大的，而这一部分人就逐渐成为威尼斯人口特别是劳动人口的主要

---

① 人口数据来源：［英］M·M. 波斯坦等主编：《剑桥欧洲经济史（第四卷）·16 世纪、17 世纪不断扩张的欧洲经济》，张锦冬、钟和、晏波译，北京：经济科学出版社，2003 年版，第 232 页；G. Beloch，La Popolazione di Venezia nei secoli XVI e XVII，*Nuovo Archivio Veneto*，n. s.，3，1902，pp. 5-13；［法］费尔南·布罗代尔：《菲利普二世时代的地中海与地中海世界》（第一卷），唐家龙、曾培耿等译，北京：商务印书馆，1996 年版，第 593 页。

② Philippe de Commines，*The Memoirs*（2 vols.），S. Kinse（ed.），trans. I. Cazeaux，New York，1969—1973，vol. 2，p. 493.

③ ［法］费尔南·布罗代尔：《菲利普二世时代的地中海与地中海世界》（第一卷），第 484 ~ 485 页。

来源。

（二）社会结构

16 世纪威尼斯共和国社会结构的一个重要特征就是等级分明。根据威尼斯贵族桑努托的记载，威尼斯社会居民被分为三个阶层：作为城市和共和国统治者的贵族阶层（nobili）处于社会结构的顶层，其下为市民阶层（cittadini），平民工匠阶层（popolani）作为第三等级位于社会的最底层。① 这三个阶层的划分并非以财富的多寡为标准，而是将各等级阶层所享有的社会权利和应尽的社会义务以法律的形式确立下来。其中贵族阶层基本是一个封闭的等级，其他两个等级之间也因为职业、财富和生活方式等造成这两个阶层之间的流动性不大。

根据 16 世纪的人口统计显示，贵族阶层（包括男性贵族、贵族妇女和贵族儿童）的人数占威尼斯城总人口数的 4% ~5% 。② 他们作为政治统治阶层的身份以家族世袭制的方式从出生之时就从法律上被确定下来。不过，在威尼斯发展的早期，并没有一个在法律上明确的或拥有政治特权的贵族阶层。城市共同体中的权贵家族只是因为拥有更多的财富，或在军队中为城市共同体服务，或与教会有联系，或者仅仅是因其独特的生活方式而同其他的普通民众区分开来，③ 他们在当时公社政府中也仅仅只是作为民众的代表参与各项政治活动。这些权贵家族究其出身不外乎以下几种：第一种是从意大利大陆逃往威尼斯的土地贵族，即使选择在威尼斯定居，也没有完全放弃封建主义的生产和生活方式，在本土拥有土地或庄园财产，依靠传统农业生产方式获得财富；第二种是从 9、10 世纪开始依靠投资海外商业贸易而发家致富的商业新贵，其中有些人最早是渔民和船夫，凭着冒险精神和精明的头脑在当时利润最为丰厚的香

① Marin Sanudo, Laus urbis Venetae: BCV ms. Cicogna 969, ff. 8v-19r, in David Chambers & Brian Pullan (eds.), *Venice, a Documentary History*, 1450—1630, p. 6.

② David Chambers & Brian Pullan (eds.), *Venice, a Documentary History*, 1450—1630, p. 241.

③ Frederic C. Lane, *Venice: a Maritime Republic*, p. 89.

料贸易和丝织品、奢侈品贸易中积累了很大一笔财富；第三种是领导和组织军队保卫城市和泻湖区安全中获得战功，从而在城市共同体中赢得很高声望的家族。

这些威尼斯共同体发展早期的权贵家族也存在着"新""旧"之分，区分的标准主要是获得财富以及在公社政府担任重要官职的时间早晚。11 世纪之前威尼斯共有 24 个"老"家族(lunghi)和 16 个"新"家族(curti)①。随着威尼斯在接下来的几个世纪里的海外扩张和对外战争，越来越多依靠商业贸易甚至海盗行径的家族跻身"新"的权贵家族行列。他们从公社政府时期开始就在大议会里为争夺威尼斯政府重要官职，特别是总督一职同"老"家族展开斗争。这种斗争一直伴随着威尼斯共和国的兴衰存亡。

威尼斯贵族阶层法律地位正式确定是在公元 1297 年。在这一年，威尼斯公社政府通过"关闭"大议会(*Serrata*)，将大议会的成员资格限制在这次大议会的出席人员以及此前四年内出席过大议会的成员以内。这次资格划定使 1100 名大议会成员获得了永久参政的贵族身份，这其中既有"老"的权贵家族，也吸纳增加了许多新晋的富裕家族。之后经过 20 年左右的调整和补充，公社政府在 1323 年发表了一项更为严苛的资格认定声明，规定只有家族先代

① 24 个"老"家族分别是巴多尔家族(Badoer)、巴罗齐家族(Barozzi)、巴塞尼奥家族(Basegio)、本伯家族(Bembo)、布拉加丁家族(Bragadin)、康塔里尼家族(Contarini)、科内家族(Corner)、丹多罗家族(Dandolo)、多芬家族(Dolfin)、法里尔家族(Falier)、格拉登尼格家族(Gradenigo)、门莫家族(Memmo)、米歇尔家族(Michiel)、莫罗西尼家族(Morosini)、保拉尼家族(Polani)、奎里尼家族(Querini)、萨洛蒙家族(Salomon)、桑努多家族(Sanudo)、索兰佐家族(Soranzo)、提耶波罗家族(Tiepolo)、扎内家族(Zane)、曾家族(Zen)、佐罗兹家族(Zorzi)和祖斯提尼亚家族(Zustinian)；16 个"新"家族分别是巴巴里格家族(Barbarigo)、多纳家族(Donà)、福斯卡里家族(Foscari)、格里马尼家族(Grimani)、格里提家族(Gritti)，兰多家族(Lando)、罗勒丹家族(Loredan)，马里皮尔洛家族(Malipiero)、莫切尼格家族(Mocenigo)、莫罗家族(Moro)、普留里家族(Priuli)、特雷维桑家族(Trevisan)、特洛恩家族(Tron)、维德拉明家族(Vendramin)、维尼尔家族(Venier)。Samuele Romanin, *Storia Documentata di Venezia* (10 vols.), Vol. 4, p. 420.

成员在公社政府位居高位的人才有资格成为大议会的成员。至此，威尼斯封闭的世袭贵族阶层最终形成。只有位列于该阶层的贵族成员才有权利参加大议会，选举并担任政府各级官员。① 大议会的成员资格即等同于贵族身份，参政权作为一项政治特权从此被贵族阶层所垄断。根据贵族保罗·莫罗西尼(Paolo Morosini)的记载，15世纪中期，大议会中共有约2000名贵族成员，代表了约150个贵族家族；16世纪初(1513年)，在贵族桑努托的日记中，这一数字增长到2622人。② 考虑到这一时期威尼斯的城市人口已经接近甚至超过15万人，这意味着整个共和国实际上是由约占人口总数1.7%的一个特权阶层所统治。

13世纪末14世纪初，这场“关闭”大议会运动虽然将贵族身份限制在一个特定的世袭阶层内部，但是根据后世学者所做的统计表明，“关闭”大议会实际上使更多的在11—13世纪通过从事商业贸易投资获得大量财富的城市商业权贵获得贵族身份。③ 这样一来，通过法律的形式，使得威尼斯新兴的商人阶层转化为正式的世袭贵族。这种通过法律，而非习俗形成的威尼斯贵族阶层就与当时欧洲其他地区传统的封建土地贵族区分开来。他们中绝大部分都是商人出身，即使有少数来自大陆本土的土地贵族，也在中世纪晚期威尼斯的对外扩张和商业贸易活动中主动地将土地资本转化为商业资本从事贸易投资活动。因此，威尼斯的贵族阶层是典型的商业贵族，他们对利益的追逐和对生存自足的资源和空间的追逐是其掌控和驱动威尼斯国家机器的原始动力。他们在确立了自己作为统治者的地位之后，并没有像西欧大陆其他国家的贵族那样从商业活动中退出，而是继续以极大的热情投入到海外扩张和商业贸易活动之中。

---

① Dennis Romano, *Patricians and Popolani: the Social Foundations of the Venetian Renaissance State*, p. 28.

② David S. Chambers, *The Imperial Age of Venice*, 1380—1580, p. 74.

③ 更多关于“关闭”大议会的研究参见：Gerhard Rösch, “The Serrata of the Great Council and Venetian Society, 1286—1323”, in John Martin & Dennis Romano (eds.), *Venice Reconsidered: the History and Civilization of an Italy City-State*, 1297—1797, pp. 67-88; Frederic C. Lane, *Venice: a Maritime Republic*, pp. 111-114.

对照《剑桥欧洲经济史》提供的一份活跃于中世纪晚期的威尼斯贸易公司和商业王朝的名单，就可以发现这17个商业家族中有7个来自“老”贵族家族，3个来自“新”贵族家族。① 他们作为经济活动的亲身参与者，在控制和管理国家经济时更加务实，也更有经验。

为了进一步规范和明确这种贵族身份，威尼斯共和国的贵族政府还在1506年开始设立“黄金名册”(libro d'oro)，规定贵族家族内合法婚姻下出生的婴儿必须在出生后8天以内到政府的法律代理人(Avogadori di Comun)处登记备案。只有在这个“黄金名册”上登记的贵族才有资格在年满25岁之后自动成为大议会的成员。② 这样就从法律和制度两个方面保证了贵族阶层的纯粹度和排他性，贵族阶层成为威尼斯社会唯一封闭的特权统治阶层。

教权阶层作为独立于威尼斯共和国世俗社会之外的阶层，尽管享有一定的宗教特权，但从整体上看缺乏像其他城市教权阶层那样的自治特权，并且在威尼斯共和国，教会的权威一直都低于其世俗统治者的权威。另据统计，14、15世纪威尼斯城大约有300—450名堂区牧师，约1000名男性和500名女性教会人员。他们主要依靠什一税和慈善捐赠维持教会的开支及日常生活，因此生活较为清贫。③

市民阶层(cittadini)处于威尼斯社会等级金字塔的第二层，这一阶层主要由那些不是贵族出身，但又享有一些较为重要的行政和经济特权的城市市民组成，这一阶层的人数约占威尼斯总人口数的

---

① [英]M. M·波斯坦等主编：《剑桥欧洲经济史(第三卷)·中世纪的经济组织和经济政策》，第64页。

② A decree of the Council of Ten, 31 August 1506: ASV Compilazione delle Leggi, b. 294, in David Chambers & Brian Pullan (eds.), *Venice, a Documentary History*, 1450—1630, pp. 244-245.

③ Palo Prodi, "The Structure and Organization of the Church in Renaissance Venice: Suggestions for Research", in J. R. Hale (ed.), *Renaissance Venice*, pp. 409-430.

5%—8%。① 在这个阶层里，根据在威尼斯城居住的时间和从事职业的不同，又可以划分为几种亚阶层。其中，在这一阶层中处于最高地位的是“原住市民”(*cittadini originarii*)阶层，由在威尼斯城居住满25年并且不从事手工劳动的市民所组成。他们是共和国除贵族阶层本身外最接近贵族及其日常政治活动的一个阶层，他们类似于现在的公务员，垄断了为贵族政府提供从公文起草、档案保管、法令传抄等辅助服务性岗位，到为政府各级贵族官员和驻外大使提供各类行政服务。威尼斯贵族政府中的“大总管”(Grand Chancellor)是“原住市民”阶层所能担任的最高行政官职。这一职位的人选由贵族成员投票选举产生，任期终身。“大总管”的政治地位和社会地位都很高，被认为是“民众的总督”(Doge of the popolo)。与其他贵族被尊称为Messer不同，“大总管”同总督一样被尊称为Domino。② 在威尼斯城的节日游行庆典的队列中，他位于总督的前列，仅次于圣马可检察官(the Procurators of San Marco)。③ 除了这些政治特权之外，他们还可以享受同贵族一样用政府的商船舰队运送货物的经济特权。④ 威尼斯共和国为了确认“原住市民”的合法身份以及便于管理，在16世纪为这一阶层也设立了出生登记簿，由政府的法律代理人负责登记备案，称为“白银名册”(libro d' argento)。⑤ 这一做法相当于从法律上确认了这一特殊市民阶层的形成，他们作为威尼斯第二等级的社会精英，逐渐发展成为威尼斯

---

① David Chambers & Brian Pullan (eds.), *Venice, a Documentary History, 1450—1630*, p. 241.

② Felix Gilbert, “The Last Will of a Venetian Grand Chancellor”, in Eward P. Mahoney (ed.), *Philosophy and Humanism: Renaissance Essays in Honor of Paul Oskar Kristeller*, New York, 1976, p. 506.

③ Patricia H. Labalme & Laura Sanguineti White (eds.), *Venice, Cità Excelentissima: selections from the Renaissance Diaries of Marin Sanudo*, trans. Linda L. Carroll, Baltimore: The Johns Hopkins University Press, 2008, p. 309.

④ Robert Finlay, *Politics in Renaissance Venice*, p. 46.

⑤ Frederic C. Lane, *Venice: a Maritime Republic*, p. 266.

的"二等贵族"(secondary nobility)。① 原住市民阶层之外的其他亚阶层有可以从事国内、国外两类贸易的市民阶层(cittadini de intus et de extra)和只能从事国内贸易的市民阶层(cittadini de intus),这两个阶层的区别主要在于在威尼斯定居时间的长短以及不同的婚姻状况。②

占威尼斯人口绝大多数的手工工匠和体力劳动者构成了社会的第三等级——平民阶层。他们在16世纪约占威尼斯总人口数的76%—79%,从事各类不同的职业,从纺织到造船,从冶炼到奢侈品贸易,从小公证员到码头搬运工等。事实上,威尼斯的这些平民一般都是某一职业行会(Arte)和兄弟会(Scuola)的成员,这些组织对平民阶层进行职业以及日常生活的保护和管理。③

在这样一个等级森严的社会里,除了上述四个阶层之外,威尼斯还存在一个无法归类的"地下阶层",它由流浪汉、乞丐、小偷、妓女和奴隶所构成。他们生活在威尼斯繁荣稳定社会的阴暗面,如小偷们经常在里亚尔托贸易市场周边嬉闹并乘机偷窃行人的财物;而妓女们则在其位于圣卡西安堂区(San Cassian)总店周围的小旅馆寻找目标顾客。④ 这些游离于社会等级之外的群体是威尼斯社会的不安定因素,在16世纪也成为威尼斯贵族政府尝试控制和管理的重要人群。

(三)社会财富的阶层分布状况

威尼斯共和国等级化的社会结构,反映在经济生活上就是财富分配状况的不平衡。根据1379年威尼斯政府发表的一份赋税报告(Estimo)对社会各阶层财产收入所做的统计分析(见表1-1)来看,

---

① David Chambers & Brian Pullan (eds.), *Venice, a Documentary History, 1450—1630*, p. 261.

② Oliver Logan, *Culture and Society in Venice, 1470—1790: The Renaissance and its Heritage*, New York: Charles Scribner's Sons, 1972, p. 26.

③ David Chambers & Brian Pullan (eds.), *Venice, a Documentary History, 1450—1630*, p. 280.

④ Guido Ruggiero, *Violence in Early Renaissance Venice*, New Brunswick: Rutgers University Press, 1980, pp. 95-121.

威尼斯的财富集中程度比较高。这份赋税报告记录了全威尼斯城(6—10万人口)中拥有超过300大里拉不动产收入的个人及其家族，是政府为征收新的借贷而进行的统计。根据经济史学家卢扎托(Gino Luzzatto)的划分标准，只有年收入超过2万大里拉才能被称为“富人”，年收入在5000至2万之间只能算一般的有钱人，年收入在300至5000之间的勉强算得上是中等人家。按照这一标准，威尼斯全城只有2128人在财富标准上算得上是中产以上阶层，只占威尼斯总人口的约2%—3.5%。只有25个贵族和6个普通市民够得上富豪级别，其中最富有的是贵族圣卢卡的费德里科·科内(Federico Corner of San Luca)，他拥有价值6万大里拉的个人财产；最富有的市民是来自卢卡的商人邦迪诺·贾佐尼(Bandino Garzoni from Lucca)，他拥有的个人财产价值5万大里拉，作为对其在基奥贾战争中巨额资金捐助的奖励，贵族政府在1381年授予贾佐尼家族贵族身份资格。① 与贾佐尼享受同样奖励的还有另外29个家族。这是威尼斯共和国历史上吸纳贵族成员规模最大的一次，之后贵族阶层再未出现大规模的增补，贵族阶层的规模也一直没有发生很大的变化。②

从这张统计表中还可以看出，作为特权阶层的贵族在财富占有上并不处于绝对的优势地位，特别是在两个阶层人数比较集中的300—5000大里拉财产这个区间内，贵族共有962人，普通民众有843人，相差并不大。根据前文论及的威尼斯人口规模和社会分层的数据来看，威尼斯贵族阶层人口约为4000—5000人，这说明整个贵族阶层中只有约24%—30%的家庭能过上富裕或较为体面的生活，而大多数的贵族因为拥有不到300大里拉的个人财产而被这份赋税报告给忽视了。这些贫困的贵族虽然拥有特权身份，但生活颇为艰辛，只能依靠在政府中任职的微薄薪水或投靠富裕的贵族来

---

① Gino Luzzatto, *Storia economica de Venezia dall'XI al XVI secolo*, Venice: Centro Internazionale delle Arti e del Costume, 1961, pp. 129-133.

② Dennis Romano, *Patricians and Popolani: the Social Foundations of the Venetian Renaissance State*, p. 32.

维持生计。① 16世纪，这些贫困的贵族还有一些通过与富裕的市民阶层通婚获得大额嫁妆来改善生活条件，富裕的市民也通过这种方式使自己的后代获得贵族的身份。如市民富豪思佩拉蒂家族(Spelladi)就以价值4万杜卡特的嫁妆将女儿嫁给"老"贵族卡罗·曾(Carlo Zen)，市民夸塔里(Quartari)用总计2.5万杜卡特的嫁妆将8个女儿嫁入贵族家庭。②

表1-1　**威尼斯个人财产统计表(依据1379年赋税报告)**

财产总额（单位：大里拉[*lire a grossi*]*）	贵族	普通民众**
50000以上	1	\
35000—50000	4	1
20000—35000	20	5
10000—20000	66	20
5000—10000	158	48
3000—5000	145	88
1000—3000	386	214
300—1000	431	541
总　计	1211	917

资料来源：Gino Luzzatto, *Storia economica de Venezia dall'XI al XVI secolo*, Venice：Centro Internazionale delle Arti e del Costume, 1961, p. 130.

大里拉(*lire a grossi*)*：威尼斯共和国大额流通货币，一个大里拉约合10个杜卡特或62个小里拉(*lire di piccoli*)。③

普通民众**：在这里指除贵族阶层以外的所有民众，包括社会阶层中的市民阶层和平民阶层。

---

① Gino Luzzatto, *Storia economica de Venezia dall'XI al XVI secolo*, pp. 135-137.

② Robert Finlay, *Politics in Renaissance Venice*, p. 45.

③ Patricia H. Labalme & Laura Sanguineti White (eds.), *Venice, Città Excelentissima: selections from the Renaissance Diaries of Marin Sanudo*, p. 541.

除了财富的分配状况之外，16 世纪威尼斯社会的职业收入状况也是衡量其财富再分配的重要指数，是当代经济史学家迫切希望了解的问题。但是由于随着时间的变化和受战争、饥荒、瘟疫等外部因素的影响，威尼斯较为准确的职业收入状况和工作报酬的实际购买力一直比较模糊，因此下表(见表 1-2)中各职业的年平均收入并不具备纵向时间的对比价值，不过仍然可以作为当时威尼斯共和国各种职业的社会和经济地位差别比较的参照。从这张薪水表中可以看出，威尼斯共和国各类职业的收入差距并没有想象的那么大，除开从事商业活动的大富豪，教会及贵族政府中的高级官员，威尼斯其他职业的年收入大多集中在 50—100 杜卡特，这一数字与布罗代尔计算的威尼斯城平均人口收入大致吻合。①

表 1-2 **16 世纪威尼斯共和国职业年收入薪水表**

职　业	平均年收入/薪水(单位：杜卡特)
家佣	7(4—10)
农业劳动者	13
“兵工厂”非技术劳工	16—20
“兵工厂”技术工人	20
水手或军人	22
“兵工厂”守卫	24(月薪，每月 2 杜卡特)
“兵工厂”搬运工人	36(月薪，每月 3 杜卡特)
政府公证员	40(30—50)
政府实习生	48(月薪，每月 4 杜卡特)
“兵工厂”技术工匠	50
防御城墙监督人	60

① [法]费尔南·布罗代尔：《十五至十八世纪的物质文明、经济与资本主义(三卷本)》第 3 卷，第 119 页。

续表

职　　业	平均年收入/薪水（单位：杜卡特）
土耳其语翻译	72
军事教官	78（36—120）
铸币厂生产线领班	80
“兵工厂”工头	82（54—110）
海关秘书	88
公共治安官	94
机械师	100（80—120）
政府秘书	125（50—200）
夜巡官	144
市民官	190（140—240）
海关监察员	200
“大总管”	300
有声望的教授	350（100—600）
商船船主	720
行省官员	840（280—1400）
大使或领事	1800（1200—2400）
总督	3000
主教或红衣主教	10500（1000—20000）
大商人	11000（2000—20000）

资料来源：Patricia H. Labalme & Laura Sanguineti White（eds.），*Venice，Città Excelentissima*：*selections from the Renaissance Diaries of Marin Sanudo*，p. 542.

表 1-1、表 1-2 的数据说明威尼斯共和国经济繁荣，但社会财富主要集中在这个等级社会的中上层商业精英手中。尽管如此，威尼斯还是依托其发达的且充满活力的商业贸易，使城市并不缺乏就业机会，因此即使生活在社会的中下层民众也能通过谋得一份职业而获得稳定的收入。社会收入差距分化不是特别明显。

第三节　威尼斯贵族政治的早期发展(1297—1500)

中世纪晚期不仅是威尼斯共和国商业经济大发展的时期，也是其共和政体和贵族政府形成的时期。同意大利地区其他城市国家一样，威尼斯没有一部成文的法律规章来阐述其贵族政体的建立原则和统治方式。因此这里所论及的“威尼斯贵族政治”，主要指的是其政府职能、机构组成和各部门官员的主要职责等，以及作为这些组成要素基础的一系列基础性法律法规。①

11 世纪至 12 世纪初，意大利地区的城市普遍经历了一场“公社革命”(the Communal Revolution)。② 伴随着西欧中世纪晚期商品经济的复苏，意大利中北部的那些实质上独立的，或者从神圣罗马帝国皇帝或罗马教皇那里获得法律上的自治特权的城市纷纷成立了自治的公社政府对城市进行管理。在这些公社政府中占主导地位的是那些新兴的富裕商人阶层和城市化、商业化了的贵族，他们在城市的政治斗争中联合起来，通过暴力或和平的手段取代了之前城市里的专制独裁统治，抵抗经常性的教会势力或神圣罗马帝国在意大利地区代理人对城市的干涉。这些公社政府大多采用共和主义的模式来运行，通过成立类似“市民大会”的机构选举公社政府的各级官员对城市各项事务进行管理，保护城市和市民的安全并发展商业经济。最早的公社政府出现在 11 世纪末的米兰、卢卡和罗马等城

---

① Felix Gilbert, “The Venetian Constitution in Florentine Political Thought”, in Nicolai Rubinstein (ed.), *Florentine Studies: Politics and Society in Renaissance Florence*, London: 1968, pp. 463-464.

② “公社革命”是指从 11 世纪后期到 12 世纪早期，意大利北部地区城市中的商业富豪联合城市居民，发动的反对罗马天主教和神圣罗马皇帝的城市革命。在这场革命中，新兴的商业贵族一般获得了胜利并夺取了城市的领导权，建立起他们共同统治的“公社”(*communis*)。Margaret L. King, *The Renaissance in Europe*, London: Laurence King Publishing Ltd., 2003, pp. 22-23; John Martines, *Power and Imagination: City-States in Renaissance Italy*, Baltimore: The Johns Hopkins University Press, 1979, pp. 12-21.

市，佛罗伦萨在1138年成立公社政府，意大利的几个港口城市如比萨、热那亚等也在不久后完成了公社政府的建立。

威尼斯在这一时期同样经历了由附属于拜占庭帝国的总督君主制统治向贵族公社政府统治的转变。不过，同其他意大利城市如佛罗伦萨、米兰和帕多瓦在这一时期的暴力革命不同，威尼斯建立的这个新的贵族公社政府不需要与城市内的主教或城市周边的大封建领主进行斗争，夺取统治权，而是在自身内部进行政治体制的转变，因此这一过程是渐进发展的。并且在这一过程中，威尼斯的贵族公社政府不仅摆脱了拜占庭的封建政治传统的影响，还通过法律和制度的方式减少了贵族内部的派系斗争，培养了一种更加稳固的城市忠诚感。

在中世纪的政治传统中，关于君主和国家统治者权力来源的解释有两种不同的理论。一种是“自上而下”的权力授予理论，认为上帝授予君主和教皇统治世俗社会和教会的权力，并将这一权力逐层向下传递至各级权力机关；另一种是“自下而上”的权力委任理论，认为立法和政治统治权力隶属于整个国家共同体，它将这一权力通过选定和指派逐层向上委任给统治者。根据权力委任理论，统治者被视为是整个共同体权力和义务的代表。中世纪晚期，威尼斯的贵族政府将这两种理论相结合，认为其统治者（总督）的权力来自于城市共同体的选举和委任，但总督和政府统治的权威来自于上帝。这样就为威尼斯的贵族统治在实行世俗权力的同时蒙上了一层宗教神圣的权威外衣。

不过，威尼斯建立贵族统治的首要任务是限制总督的权力。威尼斯的总督虽然从其诞生之初就是由泻湖区各定居点的民众代表选举产生，但由于受到东方拜占庭帝国政治的影响，早期威尼斯总督的权力很大，类似于君主。他同其身边的总督顾问委员会（the Ducal Council）组成的小统治集团成为威尼斯实际的统治者。而威尼斯早期名义上的最高权力机构“大会议”（the General Assembly, *Concio* or *Arengo*）则被传统的大势力贵族所控制，总督的选举也逐渐被这样的大贵族们所操纵。1071年，在前任总督多梅尼克·康塔里尼（Domenico Contarini）的葬礼弥撒上，当众人祈祷上帝赐予威尼斯一位有能力且为民众接受的总督时，有人喊道："我们希望选择多梅尼克·瑟尔沃(Domenico Selvo)!"当下面的群众中有人大声附和之际，贵族们就已经簇拥着瑟尔沃游行到圣马可大教堂，在牧师唱颂的赞歌和钟楼敲响的凯旋铃声中，瑟尔沃宣读了大会议起草的服从效忠誓词。① 新总督就在这样一种略为滑稽的场面下产生了。

这种带有明显事先安排的总督选举在12世纪愈演愈烈，威尼斯总督的职位在这一世纪里被大贵族米歇尔家族及其姻亲垄断长达62年。这一局面在1172年发生了改变。总督维塔雷·米歇尔二世(Vitale II Michiel)率领的舰队在与拜占庭帝国的战争中失利，这激起了威尼斯民众和大会议中其他贵族家族的强烈不满，其回国后被暗杀在圣扎卡利亚教堂(San Zaccaria)的门口。这起流血事件不仅终止了米歇尔家族对威尼斯的统治，更导致大会议在这一年设立了一个专门的提名委员会来管理和监督总督的选举，同时限制总督的权力，总督不再拥有行政决定权，任何事务必须交由大会议和总督委员会讨论集体通过后方能实行。

这种对总督的权力和自由行动权力的限制在之后的两个世纪里不断增强，新总督上任前宣读的誓词(promissioni)就真实地记录了这一变化。之前的总督誓词的内容主要是感谢上帝赐予的权力，并表示在尊重民众意愿的基础上行使总督的权力。自13世纪始，总督的誓词中开始不断增加限制其权力和必须遵守的义务和职责等条款。如1462年新总督克里斯托弗洛·莫罗(Cristoforo Moro)的誓词中就规定其在当选总督后，他和他的家族成员(直系及旁系亲属)都不得从事商业活动，甚至不得雇佣从事商业活动的人为秘书和仆人；誓词中还规定总督必须出席每次召开的大议会(the Great Council)和元老院(the Senate)会议，在每周的星期一与总督委员会的成员一起召开面向民众的听证会；总督在出席节日庆典和公众集会时必须穿着正式的白色鼬毛皮斗篷礼服，每年至少10次；总督在任期内也不能随意出行至威尼斯城之外，任何的出行活动必须得

① Frederic C. Lane, *Venice: a Maritime Republic*, p. 91.

到大议会或元老院的同意和批准。同时总督还有义务每两个月在大议会成员面前公开大声诵读该誓词，以提醒总督按时履行其职责和义务。① 除此之外，在每位总督去世卸任之后，公社政府还会成立一个专门的委员会负责根据实际情况为新任总督添加誓词内容，同时另一个专门委员会负责调查和检举前任总督是否存在违规收受礼物或违反誓词渎职的行为，如果确实存在这些违规行为，则总督的继承人必须受到惩罚以及承担相应的赔偿责任。②

通过对总督权力的限制和行为的约束，威尼斯的总督逐渐失去了其类似君主的特性，转变成为贵族集体统治者中具有尊贵地位的人，不再具有政治上的实际权力，转而成为共和国的最高政治象征和代表。正如彼得拉克在 1355 年的一封信中写道的那样："（总督）他们是贵族政府的领导者，但不是君主，甚至可以说他们不是领导者，而只是这个国家最尊贵的公仆。"③

与意大利公社政府的出现相伴随的是新兴的城市商业贵族同封建土地贵族之间的权力斗争。威尼斯尽管没有原住的土地贵族，但这并不意味着在公社政府建立的早期，那些在大陆本土有着家族传统的大贵族同依靠商业贸易发家的新贵族之间不存在矛盾和利益的冲突。相反在 11、12 世纪，这种贵族之间的党派斗争也是相当残酷与血腥的。1172 年米歇尔总督被刺事件其实正是这种斗争的一次极端例子。从之后选举出来的总督人选上看，商业新贵们在这场斗争中占了上风。通过提名委员会选举继位的两任总督塞巴斯蒂亚诺·詹尼（Sebastiano Ziani，1172—1178）和奥利奥·马斯特洛皮耶罗（Orio Mastropiero，1178—1192）都是当时威尼斯最为富有的大商人，相对于那些传统的老土地贵族，他们代表了当时新兴的商业贵族的力量。詹尼依靠多年的东方海外贸易投资积累了巨额的财富，

① Selection from 127 clauses in British Library ms. 15816, the promissione of Doge Moro, 1462, in David Chambers & Brian Pullan (eds.), *Venice: a documentary history*, 1450—1630, pp. 46-47.

② Frederic C. Lane, *Venice: a Maritime Republic*, p. 95.

③ Frederic C. Lane, *Venice: a Maritime Republic*, p. 181.

当时的公社政府以里亚尔托商业市场的全部收入作为抵押向城内的大商人筹借军费时，詹尼一个家族的借款额就占了军费总额的1/6强；他还在城内投资土地资产和发放高息贷款，被认为是圣马可广场修建工程的主要投资者。①

13世纪威尼斯贵族公社政治体制初步形成。②（见图1-4）在这个金字塔结构中，大会议（the General Assembly）是贵族公社政府的基础。它的主要职能是正式批准法律生效以及提名总督选举委员会的人选。这个机构的前身是威尼斯形成初期的各定居点代表大会，这一机构及其职能在15世纪初被大议会所取代。大议会从13世纪开始就成为威尼斯公社政府的权力中心，它的职能包括选举任命政府各部门官员，以及决议通过法律法规和颁发特赦。大议会的成员在这一时期一般为300到400名左右，主要都是城市内的显贵人士。这一人数庞大的机构并不利于召开经常性的审议和辩论会议，因此它的部分日常工作职能交由上一级人数不多的议会组织开展，其中最重要的是“四十人法庭”（Quarantia）和元老院（the Senate，Consiglio dei Pregadi）。“四十人法庭”是威尼斯司法体系中最高一级的诉讼法庭，同时它还负责为大议会起草有关货币和财政的法律法规；元老院由60名成员组成，其主要职能是起草有关商业的法律法规，向国外派驻大使和管理威尼斯的商船舰队。“四十人法庭”和元老院有时会联合起来处理国家政务，但在13世纪，“四十人法庭”的权力更大，它的三名首领（Capi）同总督委员会的委员地位相当。位于政府机构顶端的是总督委员会（the Ducal Council），它主要负责处理其他政府机构不涉及的所有政治事务。其成员为6名，分别代表威尼斯城的6个行政区。总督委员会委员的任期一般为一年，有时只有6个月，并且在卸任后两年内不能重复当选。总督委员会最重要的职能在于限制总督的权力，使其按照大议会和政府的集体决议行动。总督作为贵族政府最有影响的成员，其任期为终身制，主要职能包括主持召开政府各级议会和机构开会并代表威

① Frederic C. Lane, *Venice: a Maritime Republic*, pp. 92-93.

② Robert Finlay, *Politics in Renaissance Venice*, p. 4.

尼斯共和国出席各类庆典和对外履行政府各项职能。

总督和6名总督委员会委员，再加上3名“四十人法庭”首领组成了威尼斯的“核心政府”(Signoria)。他们主要负责处理国内的紧急危机事件，形成政府决议以及召集成立专门的委员会。同时他们还具有司法权，总督的誓词中就有规定总督必须定期出席旁听法庭审理以及受理任何不公正执法的诉讼听证。在早期他们还负责任命威尼斯商船舰队的指挥官和向大议会提名各议会和委员会的人选，虽然之后这两项职能一部分转交大议会负责，一部分交由专门的委员会负责(图1-4)。

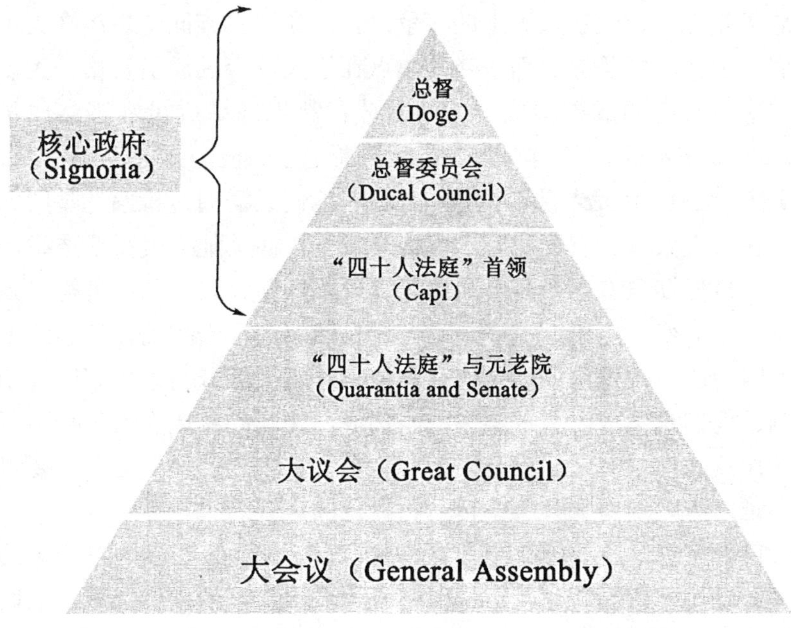

图1-4 13世纪威尼斯贵族公社政体构成

从上述对威尼斯共和国早期贵族政体构成的论述中可以看出，同早先威尼斯政治统治模式相比，这套贵族政体最大的特点就是用贵族统治者们的集体讨论取代了总督的个人决断，将政府统治权力和职能分散到各个专门的机构和委员会，既降低了总督类似君主的个人权威，又扩大了统治集团的人数和基础。同时这也反映出威尼斯贵族政府对个人权力的强烈不信任感。在这个贵族政府中除了总督的任期是终身制之外，其他所有机构和部门官员的任期都比较短，有的任期为2个月，有些则每年轮换一次。各机构官员在大议会通过提名投票选举产生。这样虽然保证了让更多的城市显贵家族参与到共和国的管理之中，但政府人员的经常性变动使一些部门的官员缺乏长期处理政治事务的经验，无法完成相应的职责和义务，这是威尼斯贵族政府在这一时期依赖各级议会和专门委员会的重要原因。

威尼斯的这套贵族政治体制虽然成功地分化了总督的权力，使城内的贵族们成为公社政府的实际统治者，但并未能解决这一时期新老贵族之间在政治权力上的斗争，新兴商业贵族同老贵族在大议会展开了激烈的争夺，而争夺的焦点在于大议会的成员资格。大议会在这一时期的成员构成分为两部分：常规选举成员和当然成员（ex-officio members）。当然成员包括总督、“核心政府”的成员、“四十人法庭”和元老院的全体成员。① 他们无需通过投票选举的方式，在每次大议会召开时自动成为其成员，而其他通过投票选举产生的成员任期只有6个月，因此可以说威尼斯大议会的成员构成是处于经常的变动之中。这一选举方式自然引起了新兴商业贵族的不满，因为这一政体中的高层议会和核心政府大部分为老贵族所长期控制，他们自然成为大议会中的当然成员，新兴贵族在大议会中所占的比重和地位有限，而且由于成员资格不固定和长期变动，使得他们难以有效地在大议会中传达出自己的声音。

13世纪末，伴随着威尼斯海外扩张的不断深入，越来越多的商人通过海外贸易积累了巨额财富成为城市新兴的权贵家族，他们迫切地希望在政治上获得相应的地位和权力。从1286年开始，这群新兴的商业贵族不断通过向大议会递交修改大议会成员选举资格和程序的议案。经过多番商讨，于1297年2月28日通过了一项确

① Gerhard Rösch, “The Serrata of the Great Council and Venetian Society, 1286—1323”, in John Martin & Dennis Romano (eds.), *Venice Reconsidered: the History and Civilization of an Italy City-State*, 1297—1797, p. 72.

认大议会成员资格和程序的法令，将大议会成员的资格限定在过去四年内出席过大议会的贵族之内，取消大议会成员选举程序，规定今后大议会的成员只能从这些贵族家族中产生，未列入这一名单的家族和成员将不再具有大议会成员资格，同时也意味着他们不再具有贵族身份。大议会的成员资格同贵族身份直接挂钩，不仅标志着威尼斯贵族阶层在法律上的正式形成，也标志着威尼斯共和国封闭的贵族统治体制正式确立。这就是威尼斯贵族政治发展史上著名的"关闭"大议会事件。

尽管目前史学界关于"关闭"大议会这一历史事件的时间经过和影响意义还存在争议，但研究者们普遍认为，不论其是限制了贵族精英集团的扩展还是通过吸纳新的权贵家族扩大了贵族统治阶层的人数和规模，"关闭"大议会都在两方面直接地影响了之后威尼斯贵族政治的发展：一方面，将大议会成员资格固定在一个特定的封闭贵族阶层之中，使得威尼斯共和国的统治者们均是来自具有丰富政治经验的家族集团，这样就保证了大议会成员构成的稳定性和延续性；另一方面，通过取消大议会成员选举程序，使大议会的成员资格不再有当然成员和选举成员的区别，这样一来，吸纳进入大议会的新商业贵族家族成功获得了永久的政治参与权，他们可以在大议会同之前当然成员中的老贵族家族展开竞争，有机会进入政府的高层甚至核心统治圈，也有利于其通过政治和行政手段保障和维护自身的利益。实际情况也的确如此，从1382年至1612年，在几乎整个15、16世纪，威尼斯的最高统治者总督均来自于代表新兴商业贵族利益的"新"家族。①

"关闭"大议会在形式上取消了贵族之间政治权力的区别，但并没有立即从根本上消除贵族之间的党派纷争，爆发于1310年的提耶波罗—奎里尼(Tiepolo-Querini)叛乱即是这一时期党派斗争的极端例证。为镇压这次贵族叛乱，贵族政府成立了一个特别的"十人会议"(the Council of Ten)用以处理此类威尼斯国内的紧急事务。

---

① 只有1400至1430年在位的总督米歇尔·斯特诺(Michele Steno)例外，他不属于任何一个"新"家族或"老"家族。

这一机构在成立之初即独立于贵族行政统治体系之外的特别反应机构，它是威尼斯贵族政府金字塔形结构之外的附加物，不接受政府任何一级议会的直接领导。① 其主要职责包括：与总督及总督委员会商讨国家秘密和紧急的事务，监督威尼斯的社会治安。十人会议不仅负责监视和镇压任何可能的武装叛乱，还对贵族阶层中任何超出法律的行为和任何尝试组成小团体和党派的行为，即使是游说选票和交换选票，进行监视和惩罚。为了保证十人会议的权威性和公正度，其由包括总督、总督委员会的六名委员以及选举产生的十名贵族成员组成，因此十人会议的实际成员有十七名。其首领由三名贵族联合组成，每人的任期仅为一个月；会议的成员任期为一年，且成员中的任意两名都不能来自同一个家族。

13 世纪末至 14 世纪初，威尼斯通过"关闭"大议会和成立十人会议所确立的这套贵族政治体制成为共和国之后五百多年发展的政治基础。直至威尼斯共和国在 18 世纪末灭亡，其贵族政体的基本构成和统治原则都没有发生根本性的转变。通过改革大议会的成员构成，消除新老贵族之间党派斗争的利益根源，确立一个世袭的封闭贵族阶层的垄断统治；通过在政府内分权，削弱总督的地位和权力；通过设立专门的委员会和政府机构，实现政治上的分权统治。

威尼斯的这套贵族政治体制不仅从制度层面上杜绝了独裁统治出现的可能，从而避免了中世纪晚期在意大利其他城市国家出现的"暴君"独裁统治；同时通过投票选举和缩短政府各部门职位的任期，使政府的行政权力在公平公开的原则下，最大程度地掌握在整个贵族阶层的手中。在接下来的两个世纪里威尼斯的贵族政治体制不断发展完善，至 16 世纪，威尼斯这套"完美"的贵族政体以其和谐公正的声望成为构成"威尼斯神话"的重要组成部分。

本章小结

本章主要论述了威尼斯贵族政治的历史和社会背景，包括威尼斯共和国的形成与早期发展，它的社会结构与经济状况，展示中世

---

① Donato Giannotti, *Libro de la Republica de Vinitiani*, Venice, 1564, p. 22.

纪晚期近代早期一个典型城市共和国的全貌。威尼斯由于缺乏土地和淡水资源，起初生存条件较为恶劣，但它凭借其滨海的优越地理位置，在中世纪城市和商业复兴背景的推动下，大力从事对外贸易和东西方中间商转口贸易，获得了巨大的商业利润，为威尼斯的发展提供了雄厚的资本基础。威尼斯在其早期的发展中获得成功的主要原因在于不受或在较少程度上受到封建制度的影响，独立于教权和王权束缚之外、自由发展的威尼斯以商业利益作为城市和国家发展的原动力，在这场复兴运动中展现出惊人的活力和创造力。

商业和经济上的成功，既得力于、更有助于威尼斯在中世纪晚期的对外扩张。威尼斯从 11 世纪开始的对地中海沿岸商路据点的征服和始自 14 世纪的对意大利大陆本土的扩张，使其在 15 世纪末、16 世纪初成为意大利地区乃至整个西欧地区繁荣强大的区域性国家。威尼斯城作为地中海地区的商业贸易中心，是近代早期西欧人口众多的国际性大都市，但同时它的社会结构却是流动性不大的金字塔形等级结构，位居顶端，占总人口极小比例的贵族阶层在 13 世纪末成为一个封闭性的世袭制阶层，并确立了其对整个国家的统治地位。

威尼斯共和国贵族政治体制的建立与其贵族阶层的形成相伴随。它在沿袭传统统治秩序的基础上，通过改革政府权力机关的成员构成方式，确立威尼斯贵族共和制政体；限制总督权力，防止暴君和僭主的独裁统治；通过匿名投票选举和政府官员短期轮换制度，保证其贵族政治“少数人”共同统治在制度上的实现。

威尼斯贵族政治的统治原则和方式一直保存至共和国灭亡，显示了这套政体统治的有效性和生命力。特别是在 16 世纪这个欧洲社会由传统向近代、由封建社会向资本主义社会过渡的变革时期，威尼斯的贵族共和制政治并没有像意大利地区其他城市国家那样走向毁灭，也没有像欧洲其他国家那样开始奉行绝对主义，加强王权，甚至对政治体制做重大改革和调整。在下面的章节中，笔者将把目光转向 16 世纪的威尼斯社会，具体论述在这一时期威尼斯共和国所遇到的发展危机的困境，考察其贵族统治阶层在这一转型时期的应对和坚持。

第二章

“威尼斯神话”与16世纪共和国的危机

“威尼斯神话”是对近代早期威尼斯共和国及其社会生活理想化的赞颂与表达。但是在16世纪，它所描绘的威尼斯共和国富强、和谐稳定的社会景象却遇到了来自多方面的挑战和威胁。16世纪威尼斯共和国的危机是其贵族政治在近代早期面临的最大挑战和考验。

第一节 “威尼斯神话”

一、“威尼斯神话”的产生及其内涵

中世纪晚期，威尼斯共和国在对外扩张和东西方商业贸易上取得了巨大的成功，威尼斯从一个滨海贫瘠的不毛之地一跃而发展成为西欧最为富裕的城市国家，其强大的海上军事实力，延绵至整个东地中海的海外殖民据点和广阔的大陆本土行省，使威尼斯成为意大利半岛上不可忽视的政治力量。与这种成功相伴随，诞生了一种将其发展历程和共和国富裕强大形象“神话化”的思想意识。这一

"神话"将威尼斯描绘成一种理想的共和国，它不仅是一个强大的海上帝国，还是一个独立于他国势力之外的，保持了社会长期稳定与和谐的城市共和国；其贵族统治者所具有的勤勉、持重和以国家利益为重自我牺牲的商业精神，是文艺复兴时期市民人文主义理念的具化与表达。① 这种"神化"的思想到了15、16世纪得到了进一步的阐发，威尼斯共和国独立自由的国家形象被宗教化，上升为上帝神圣的旨意，其社会长期的稳定与和谐则是源于其"完美"的政治体制所秉持的公正与自由的理念，而贵族统治者本身所具备的虔诚、审慎的德行是使这套体制发挥作用的内在动因。这些从宗教、政治体制和统治方式等方面对近代早期威尼斯共和国独立、自由和长期稳定和谐形象的表述和赞美，被现代历史学家用"威尼斯神话"这一专门术语来概括，它丰富的内涵成为理解这一时期威尼斯社会与贵族政治的重要途径。②

最早对威尼斯及其贵族政治进行"神话"塑造的并非威尼斯人本身。根据历史学家唐纳德·奎勒的考证，早在13世纪中期，法国人马提诺·达·卡纳(Martino da Canal)在其撰写的《威尼斯史》(*Les estoires de Venise*)中就对当时威尼斯共和国稳如磐石的社会局面称赞不已。在与当时其他城市和国家社会秩序失控的状况进行对比之后，他将威尼斯社会稳定的原因归结于威尼斯人在贵族统治者"充满智慧"的领导下，将共和国的公共利益置于个人利益之上。③

---

① John Martin & Dennis Romano(eds.), *Venice Reconsidered: the History and Civilization of an Italy City-State*, 1297—1797, p. 2.

② "威尼斯神话"的概念：Robert Finlay, *Politics in Renaissance Venice*, pp. 29-30；"威尼斯神话"的内涵：Franco Gaeta, "Alcune considerazioni sul mito di Venezia", in *Bibliothèque d'humanisme et Renaissance*, No. 23, 1961, p. 60；"威尼斯神话"研究综述：James S. Grubb, "When Myths Lose Power: Four Decades of Ventian Historigraphy", in *the Journal of Modern History*, Vol. 58, No. 1, 1986, pp. 43-94.

③ Martin da Canal, *Les estoires de Venise: Cronaca veneziana in lingua francese dalle origini al* 1275, Alberto Limentani (ed.), Florence, 1972, sec. I, p. 2, sec. II, p. 5, in Donald E. Queller, *The Venetian Patriciate: Reality versus Myth*, pp. 3-4.

这位法国作者关于威尼斯共和国的看法在文艺复兴早期的人文主义者那里也得到了共鸣。1364 年，当时著名的人文主义者彼得拉克在造访威尼斯之时，目睹了威尼斯人欢庆克里特岛战役胜利的游行活动，他在给友人的信中对威尼斯所取得的成就进行了赞颂。他这样写道：

> 威尼斯这座威严的城市正享受着胜利的喜悦，今天这里是自由、和平与公正的故乡，是光荣之人的庇护所，是那些受专制主义迫害的人们寻找幸福生活的避风港。威尼斯——黄金是其财富的象征，但声望是其更大的一笔财富；广阔的资源使其强大，但其德行让它更为强大；稳固地建筑于礁岩巨石之上，但社会民众的和谐一致是其更加稳固的基础；无尽的海水将其环抱守护，但在其好政府统治下，威尼斯显得更加的安全。①

彼得拉克的这番言论在将威尼斯社会的稳定归于威尼斯人和谐一致之外，还反映出了“威尼斯神话”另外几个重要的构成要素，如独立自由的理念，卓越的共和制政治以及贵族统治者的德行。

15、16 世纪，“威尼斯神话”在其贵族统治者和人文主义者的推动下，发展成为一套完整的思想体系。它所宣扬的威尼斯共和国的声誉主要包括以下三个方面的重要内容：独立自由的城市共和国、宗教虔诚的富华之都以及稳定和谐的社会环境。而威尼斯共和国之所以能获得的这些声誉，在当时的人文主义者看来都应归功于其封闭的贵族阶层的有效统治。因此“威尼斯神话”在这一时期作为一种对于理想共和国的政治表达，也被当时威尼斯的贵族统治者们作为一种政治教育和宣传加以利用。

在威尼斯的贵族统治者们看来，共和国在近代早期不受外国势力干涉的独立地位是其区别于当时意大利其他城市国家的最重要的特点，为此他们特别强调这一独立自由主权起源的合法性。由于威

① Francesco Petrarch, *Letters*, selected and trans. by Morris Bishop, Bloomington, Indiana, 1966, p. 234.

尼斯城独立自治的起源同意大利地区其他城市国家不一样，当佛罗伦萨和热那亚这样的意大利城市国家在中世纪晚期从教皇或者神圣罗马帝国皇帝那里获得城市自治特许权之时，威尼斯则是通过摆脱附属于东方拜占庭帝国的地位，在实质上获得独立。这种缺乏法律确认的独立地位让之后的威尼斯贵族统治者深感不安，他们开始寻找其他的起源证据来证明其独立和自由的政治权利。828年，当圣马可的遗骸被两位威尼斯商人带回威尼斯献给当时的总督之后，威尼斯的统治者开始将其独立的起源同宗教上圣马可对威尼斯的眷顾联系起来，将威尼斯共和国的起源上升到宗教的高度。他们用圣马可取代圣西奥多(St. Theodore)①作为本城的守护者，并将威尼斯城的起源神圣化。德安孔的约翰(John the Deacon)在其年代记中，第一次将威尼斯城视为一座宗教的伦理之城，威尼斯同圣马可之间的宗教联系使其成为在总督领导下的一座自由公国(res publica)。②14世纪中期，总督安德里亚·丹多罗(Andrea Dandolo)在其撰写的年代记中故意模糊威尼斯第一任的总督接受拜占庭帝国管理的事实，将威尼斯城的起源详细描述为圣马可在途经威尼斯时偶遇暴雨，他在进入泻湖区避雨时得到上帝的启示，认为威尼斯将是他的安息之地，因此在阿奎雷亚(Aquileia)建立了一座教堂，此后该地区发展成为威尼斯主教区，即后来的威尼斯城。③ 这种宗教传说之后发展到把威尼斯城看做上帝意志的产物，认为“它自己是一个奇怪而神秘的产物——一种高出于人类天才的力量的成果”④。不仅如此，共和国的统治者还反复强调威尼斯的这种独立自由的地位不仅是上帝的安排，更是得到了当时罗马天主教教皇和神圣罗马帝国皇帝的认可。因此，威尼斯共和国的独立即神圣的，也具有法律上的权威性。这样一来，通过将威尼斯城独立自由地位神圣化和权威

---

① 圣西奥多(St. Theodore)为拜占庭帝国的守护圣者，早期威尼斯在接受拜占庭帝国政治管辖的同时在宗教上也接受圣西奥多为其守护圣者。

② Edward Muir, *Civic Ritual in Renaissance Venice*, p. 23.

③ Frederic C. Lane, *Venice: a Maritime Republic*, p. 88.

④ [瑞士]雅各布·布克哈特:《意大利文艺复兴时期的文化》，第60页。

化，为威尼斯共和国在近代早期培养民众对国家的忠诚感和凝聚力提供了理论基础。

而15、16世纪以来，对于威尼斯城富丽繁华外在美的赞颂则反映了文艺复兴时期的一种流行的文化观念，即外在美是内在德行的一种反映，因此人文主义者非常强调，也鼓励个人与城市对于外在环境的塑造和美化。的确，16世纪威尼斯的城市建设无论是给本城的城市居民，还是外来的游客都留下了深刻的印象。威尼斯贵族桑努托就在其颂文中借其他作家之口，赞美威尼斯完全有理由赢得"意大利支柱"的称号，也能当之无愧地被称做"基督教世界之花"。① 来自威尼斯大陆行省弗留里(Friuli)的公使科内里奥·弗朗吉潘内(Cornelio Frangipane)在与当时的总督弗朗西斯科·多纳(Francesco Donà，1545—1553年在位)的会面中就称赞威尼斯无与伦比的美丽、繁华、自由和安全，之后他还在其他的场合公开表示威尼斯是人间天堂。而来自贝努诺(Belluno)的大使保罗诺维罗则将威尼斯城独特的地理环境与古典时期的"七大奇迹"相提并论，认为它不建造城墙直接面对大海正是暗含了其政治自由的理念。②的确，威尼斯共和国在城市建设中特别重视将对民众的政治和德行教育渗透到每座公共建筑之中。从总督议会大厅和最高法院门前矗立的正义女神塑像，到扼守圣马可港口的巨型石柱③；从代表国家统治权威的城市中心圣马可广场，到城市内无处不在的象征其守护圣人圣马可的双翼石狮，威尼斯公平和谐的社会秩序，强大神圣的统治权威和虔诚天主教徒的形象通过这些城市建筑和雕像直观地传达给了威尼斯民众和前来造访的外国游客。

在"威尼斯神话"中，威尼斯国内和谐稳定的社会环境是其最

---

① Marin Sanudo, Laus urbis Venetae: BCV ms. Cicogna 969, ff. 8v-19r, in David Chambers & Brian Pullan(eds.), *Venice, a Documentary History*, 1450—1630, p. 5.

② Edward Muir, *Civic Ritual in Renaissance Venice*, pp. 14-15.

③ 两根石柱位于圣马可广场最南端面海港口处，石柱的顶端分别是圣马可双翼石狮和圣西奥多的塑像。圣马可石狮代表了威尼斯共和国的权威，而圣西奥多则是威尼斯海上事务的守护圣人。

重要的内容，也是威尼斯共和国在欧洲赢得极高社会声誉的重要原因。从威尼斯建城之初，到贵族共和国的建立直至灭亡，在长达近一千年的时间里，欧洲社会经历了一个从中世纪向近代转型的急速变动的时代。而威尼斯的社会却在这股激烈变动的浪潮中维持了一个相对稳定与和谐的社会环境，没有出现如意大利其他城市那样剧烈动荡的局面，封闭的贵族阶层统治下的等级社会秩序也没有受到冲击和破坏。它这种“表面停滞”的社会现实吸引了当时乃至后世学者不断探寻其背后的原因。

而“威尼斯神话”自身在阐释威尼斯城长期社会稳定和谐局面时，特别强调威尼斯人宗教虔诚在其中所起的作用。正如前文所述，“威尼斯神话”通过将威尼斯城的起源神圣化，使民众相信威尼斯城乃上帝选中的城市，是充满上帝恩泽的城市。这样一来，正如15世纪威尼斯的人文主义者乔瓦尼·加迪耶拉(Giovanni Caldiera)所言，天主教所倡导的诚信、希望和慈善的德行在威尼斯就成为了共和国的德行，因此遵守共和国的社会秩序也暗含了遵循上帝的意志。① 威尼斯人在这种宗教虔诚的教育之下，不仅将自己的城市认为是上帝选中的地方，更将共和国的一切体制和秩序认为是上帝的安排。因此，他们很容易接受贵族统治者们所制定的社会等级秩序，并将其作为宗教和共和国的传统长期保持下去。威尼斯共和国的这种统治方式和政治教育为欧洲的政治思想提供了一个典型的传统例子，即运用带有所谓神圣宗教色彩的统治体制来维持长期的统治。

“威尼斯神话”对威尼斯共和国正面的赞颂性描述虽然有夸大和溢美之嫌，但还是从一个侧面反映了中世纪晚期威尼斯共和国在国家建设和社会管理上的诸多成功之处。威尼斯作为中世纪西欧城市复兴之后发展起来的城市共和国，它的成功发展成为考察近代共和制政治的典型案例。在探寻威尼斯共和国长期稳定和谐的根源

① Margaret L. King, “Personal, Domestic, and Republican Values in the Moral Philosophy of Giovanni Caldiera”, in *Renaiisance Quarterly*, Vol. 28, 1975, pp. 559-565.

时，现代学者们一般从其“完美的”共和政治体制和贵族统治者参与社会管理实践的德行这两方面入手来进行解答。而这两点也在“威尼斯神话”中有所阐释和发挥，成为理解威尼斯贵族政治最直接也是最有影响的观点，尽管很多时候这些观点是理想化的，甚至有时是扭曲的。

二、“威尼斯神话”中的贵族政治

16 世纪，“威尼斯神话”不仅使威尼斯在欧洲获得了极高的社会声誉，更吸引了许多人文主义者对形成这一“理想化”共和国的内在动因展开研究。事实上，“威尼斯神话”在塑造共和国独立、富饶和稳定形象的同时，很多时候是为了宣扬共和国神圣的预定命运、完美的政治体制和贵族统治者的统治智慧。因此，“威尼斯神话”中与贵族政治相关的阐述主要是围绕其“完美”的政体和贵族的德行展开的。它作为当时欧洲思想界对于理想共和国范式的政治表达，是威尼斯贵族政治发展的理论基础。

“威尼斯神话”对威尼斯“完美的”贵族政治体制的塑造与表达，在近代早期经历了一个寻找其古典政治起源和神圣化的过程。文艺复兴时期的人文主义者在这一方面做了大量的工作。13 世纪末，威尼斯确立的这套封闭的世袭制贵族政治将共和国绝大多数的普通民众排除在了政治生活之外。为了确立其贵族政治的权威和让民众普遍接受这种“少数人”的统治，威尼斯的贵族统治者们从政体构成的起源和理论来源两方面对威尼斯的政治体制进行了阐述。15 世纪的人文主义学者本纳尔多·居斯提尼亚尼（Bernardo Giustiniani）在其撰写的《威尼斯起源史》（*History of the Origin of Venice*）中将罗马帝国的伟大人物视为威尼斯人的祖先，认为是上帝将躲避战乱的他们指引到威尼斯，并依据罗马共和制政治的传统在威尼斯重建了其统治体系。① 这样一来，威尼斯的贵族政治就从起源上找到了与古典罗马政治之间的联系。但由异教徒建立的古典

---

① Patricia H. Labalme, *Bernardo Giustiniani: A Venetian of the Quattrocento*, Rome, 1969, pp. 247-304.

罗马和希腊在虔诚的天主教信仰的威尼斯看来并不适合用来解释威尼斯共和国政治体制稳定与恒久发展的原因。为此威尼斯的人文主义者借用宗教传说，将其贵族政治体制神圣化，认为这套体制尽管继承了古典共和主义的政治模式，但它是建立在“殉教基督和圣徒的鲜血之上”，是上帝为其选中的城市所安排的完美的统治秩序，因此将永恒而不朽。威尼斯的贵族统治者也借此宣扬威尼斯作为第一个基督教共和国，它的荣耀和长久稳定的命运是古典异教国家罗马和雅典所不能比拟的。①

而“威尼斯神话”关于其贵族政体之所以“完美”的经典表述则在于，其融合了古典亚里士多德和波利比阿的政治思想，创造出了一套权力平衡的混合式政体。16 世纪初，威尼斯的人文主义者吉安乔尔乔·特里希诺(Giangiorgio Trissino)在献给总督安德雷·格里提(Andrea Gritti)的致辞中写道：“任何人在对这个共和国非凡的政治体制和神圣的法律进行认真地考察之后，都会将其视为上帝恩赐的杰作而非人类智慧的产物”，因为它不仅成功地从这个政体中剔除了具有破坏性的民众因素，而且将君主的权威与贵族政治有机地融合在了一起。② 他的这一观点在这一时期著名的人文主义者加斯帕洛·康塔里尼那里得到了支持与发展。在《威尼斯共和国与行政官员》中，康塔里尼借用了古典思想家柏拉图关于理想国家政治构成的思想，明确地指出威尼斯的这套贵族政治体制是一种混合了君主制(总督)，贵族制(元老院)和民主制(大议会)的政体。③ 这些古典政治体制的叠加与混合从政治理论方面解释了威尼斯政治稳定、城市命运不朽的原因。运用这套“完美”平衡了各种政治势力和社会力量的体制，威尼斯共和国成功地防止了其政治上的腐化和

---

① Robert Finlay, *Politics in Renaissance Venice*, pp. 30-31.

② S. Sinding-Larsen, *Christ in the Council Hall: Studies in the Religious Iconography of the Venetian Republic*, Institurum Romanum Norvegiae, Vol. 5, Rome, 1974, pp. 139-140.

③ Gasparo Contarini, *The Commonwealth and Government of Venice*, pp. 33-34.

堕落，获得了恒久稳定与和谐。① 通过人文主义者在15、16世纪对威尼斯贵族政体的阐述，不仅使威尼斯的贵族政治体制获得了宗教之外的政治理论支撑，还使其独立自由的政治传统逐步发展成为一套具有古典政治起源的理论清晰的政治思想体系。②

“威尼斯神话”中关于贵族政治的另一个经典表述是关于其贵族统治者的高贵德行。因为在他们看来，贵族统治阶层勤勉且充满责任感意识的公共服务精神是这一“完美的”政治体制发挥其效用的基础和前提。因此，“威尼斯神话”在16世纪不仅充当了贵族政府政治宣传的工具，也成为对贵族统治集团本身进行政治教育的有效手段。

由于威尼斯的贵族从出生时就注定了其在将来必须投身于共和国的政治生活之中，因此周全的政治智慧和审慎的处事作风就成为了“威尼斯神话”所宣扬的一项重要的贵族德行。正如17世纪的历史学家维托里奥·希里(Vittorio Siri)在其书中所记载的那样，威尼斯的贵族处理每项政治事务都是经过了审慎的思考和判断。③ 而红衣主教奥古斯蒂诺·瓦莱尔(Agostino Valier)则将16世纪威尼斯贵族政府的权力中心元老院形容为“庄严的殿堂，锻炼审判力的学校，审慎思索的庇护所……”④除了谨慎的处事方式之外，“威尼斯神话”将国家责任感也作为贵族德行的基本要求，而威尼斯贵族统治者对社会其他阶层一视同仁的公平统治是他们赢得民众支持的重要原因。⑤

“威尼斯神话”对于贵族德行进行宣传和教育时，一个被反复提及的主题就是威尼斯的贵族为了共和国的利益而牺牲其个人利

① Felix Gilbert, “The Venetian Constitution in Florentine Political Thought”, in *Florentine Studies*, Nicolai Rubenstein(ed.), London, 1968, pp. 463-472.

② Edward Muir, *Civic Ritual in Renaissance Venice*, p. 26.

③ William J. Bouwsma, *Venice and the Defense of Republican Liberty: Renaissance Values in the Age of the Counter Reformation*, Berkeley & Los Angeles, 1968, p. 164.

④ Donald E. Queller, *The Venetian Patriciate: Reality versus Myth*, p. 14.

⑤ Samuele Romanin, *Storia Documentata di Venezia*(10 vols.), Vol. 3, p. 371.

益。15世纪末、16世纪初，威尼斯贵族统治集团的这一品德就令同为城市共和国的佛罗伦萨大为崇敬，佛罗伦萨的公使卢切莱(Rucellai)就在返城后的述职报告中对威尼斯贵族统治阶层的爱国主义和奉献精神表示赞赏。① 根据“威尼斯神话”的这套德行教育，贵族阶层由于从其出生开始就被赋予了统治整个国家的权力，因此他们有义务全身心地投入到为国家服务的事业之中；贵族必须使自己的个人利益服从国家的利益，因此他们不能拒绝任何一个公共部门的职位，哪怕再小的官职也是为了给整个共和国谋福利；甚至在处理某些事务时，贵族们也必须冷酷、无情和背信弃义，因为这一切都是为了他的“祖国”(patria)。这种对共和国的热爱之情在1527年公使马可·福斯卡里(Marco Foscari)的述职报告(relazione)中被形象地比喻为子女对父母的爱。② 威尼斯贵族所具有并宣扬的这种对共和国忠诚与强烈责任感的热爱之情，使其声誉在近代早期超越了欧洲其他国家。③

“威尼斯神话”对贵族统治者谨慎、谦顺和国家责任感德行的宣传和教育，虽然使威尼斯的贵族统治者以一个群体的形象在欧洲获得了很高的政治声誉，但与此同时威尼斯贵族的个人形象却消失了。在“威尼斯神话”中基本找不到对贵族个人权威的宣传，相反地，那些在共和国历史上野心勃勃，权力欲望强烈的总督总免不了被处决和罢免，成为“神话”宣传中的反面教材，如1355年被处决的总督马里诺·法莱尔(Marino Falier)和于1457年被罢免的总督弗朗西斯科·福斯卡里(Francesco Foscari)。因此在威尼斯共和国的政治发展史上，虽然没有伟大的人物，但也没有令人不堪回首的政治危机，当然更不会出现一位传奇式的英雄人物将共和国的政治体

① Felix Gilbert, “The Venetian Constitution in Florentine Political Thought”, p. 483.

② Arnaldo Segarizzi (ed.), *Relazioni degli ambasciatori veneti al Senato*, Scrittori d' Italia series, Bari, 1916, 3: 4, 转引自 Edward Muir, *Civic Ritual in Renaissance Venice*, p. 21.

③ Brian Pullan, “Service to the Venetian State: Aspects of Myth and Reality in the Early Sventeenth Century”, *Studi secenteschi*, 1964, No. 5, p. 127.

制传承下去。①

16 世纪，“威尼斯神话”对其贵族政治从制度和“人”(群体)的角度进行了阐发，并将这两点作为理解威尼斯长期和谐稳定社会的政治基础。作为威尼斯“理想化”贵族政治的理论基础，“威尼斯神话”在一定程度上从正面揭示了威尼斯贵族政治的体制构成和贵族统治基本特征。“威尼斯神话”在作为其贵族统治阶层的政治统治和舆论工具的同时，也成为约束其贵族统治体制的原则和贵族言行的道德标准。

第二节　16 世纪威尼斯共和国的危机

一、来自外部的压力

传统史学认为，15、16 世纪伴随着地理大发现和新航路的开辟，使过去处于相互隔绝的地区开始建立了直接的联系，西欧社会开始经历一个由传统向近代社会过渡的阶段。这一时期，在经济方面，西欧各国开始面向更为广阔的海外世界进行扩张和发展，传统的对外贸易也走出了地中海的狭小范围，扩展到整个世界，这引发了整个欧洲的商业革命和价格革命，刺激了西欧资本主义经济的发展；在政治方面，民族国家的兴起和对外领土的扩张直接的影响和动摇了欧洲传统的国际政治格局，实行中央集权统治的民族国家不仅将领土范围内的商业城市纳入国家的统治范畴，更利用其经济和军事实力开始对周边独立的地区和城市国家施加压力和打击，力图通过政治或暴力手段将这些自治城市和国家吞并或纳入势力范围。在这一过程中，率先发展资本主义商业经济以及孕育文艺复兴灿烂文化的意大利城市不仅最直接地感受到了国际商业贸易中心转移所带来的经济压力和贸易危机，还由于整个意大利地区政治上的四分五裂状况而成为周边强大的民族国家，如法国和西班牙争夺和打击

---

① J. G. A. Pocock, *The Machiavellian Moment: Florentine Political Thought and the Atlantic Republican Tradition*, p. 187.

的目标。从15世纪末至整个16世纪，意大利地区普遍面临了这种来自经济和政治方面的双重压力。威尼斯共和国也不例外。

15世纪末、16世纪初是“威尼斯神话”发展完善并在欧洲获得广泛影响的时期，而这也正是威尼斯共和国国家实力和国际声誉发展到顶峰的时期。威尼斯作为一个从中世纪城市复兴时期发展而来的城市共和国，其统治的势力范围和作为地中海商业中心所产生的经济辐射力和影响力是当时意大利乃至西欧任何一个城市国家所无法比拟的。但威尼斯在中世纪晚期所取得的成功在这一时期反而成为了笼罩在其强盛形象之上的巨大阴影，危机和衰败的迹象正潜伏在这样一派盛世的景象之中，尽管最初其贵族统治者们还并未完全意识到。

威尼斯共和国是以商业和对外贸易作为其立国的经济基础，因此当16世纪随着地理大发现和西欧贸易新航路的开辟，威尼斯首先在经济上感到了压力，其作为地中海东西方贸易中心枢纽的地位开始受到来自葡萄牙和西班牙的挑战。1499年8月，威尼斯贵族吉罗拉莫·普留里在日记中记载了从埃及传来的一条消息：葡萄牙的帆船已经抵达印度。事实上，早在1498年5月，葡萄牙人达伽马率领的船队就已经抵达了印度马拉巴尔海岸(Malabar)的卡利卡特(Çalicut)。但直到他们在返航途中经过开罗并出售了来自印度的香料和胡椒之后，这一消息才引起了当地威尼斯商人的注意，因为威尼斯这一时期海外贸易的大部分利润依赖来自印度的胡椒。①

地理大发现对于当时的欧洲意义自然不言自明。当土耳其人在地中海东岸崛起，打断了欧洲传统的东西方贸易航线之后，葡萄牙人发现的这条绕过好望角直达印度的航线，无疑是在欧洲人面前打开了一个新的世界，同时也对传统香料贸易网络中的各个国家产生了深远的影响。这一点即使是曾经垄断，目前在地中海东西方贸易中占主要优势地位的威尼斯人也不得不承认。普留里就在日记中将

① Robert Finlay, “Crisis and Crusade in the Mediterranean: Venice, Portugal, and the Cape Route to India (1498—1509)”, in *Studi Veneziani*, Vol. 28, Pisa, 1994, p. 45.

信将疑地写道："如果这条消息(麦哲伦环球航行成功)是真的话，那么对我而言它无疑是非常重要一个事件，尽管我认为这条消息不算太可靠……"①

葡萄牙人利用这次地理大发现的机会成功地开辟出绕道好望角直达印度的商路，中断了威尼斯对西欧香料贸易、特别是胡椒贸易的垄断。葡萄牙人通过与印度和东南亚的远洋贸易，带回大量的香料、胡椒等欧洲紧缺的生活物资。这直接冲击了欧洲香料市场的交易价格。15 世纪末、16 世纪初，威尼斯的胡椒价格在葡萄牙人的竞争压力下持续降低，从 15 世纪初的每货船(per cargo)平均 100—120 杜卡特(ducats)的价格下降至 16 世纪初的每货船平均 50 杜卡特，下降近一倍。② 不仅如此，威尼斯也失去了对欧洲香料价格的控制权，葡萄牙人成为这一时期欧洲香料市场的主导。15 世纪奥斯曼土耳其帝国的迅速崛起，以及同威尼斯争夺地中海控制权的战争，直接影响了威尼斯对外贸易，特别是香料贸易的顺利进行。而葡萄牙人通过远洋贸易购买的东方香料在经过长途运输之后，虽然品质上不及威尼斯从北非和利凡特地区购买的香料，但由于葡萄牙人的香料运输量充足而稳定，使得其在 16 世纪初成为安特卫普香料市场上的主要供应商。1506 年，葡萄牙人将里斯本市场上的胡椒价格确定为每货船 52 杜卡特，虽然威尼斯在这一时期受战争影响，急需从这项利润丰厚的贸易中获得经济补给，但也不得不依据葡萄牙人的香料价格将威尼斯市场上的胡椒价格调至与里斯本相当。③

无论威尼斯贵族统治者承认与否，地理大发现都对欧洲传统的商业贸易世界产生了巨大的冲击，威尼斯作为欧洲商业贸易中心的

---

① Robert Finlay, "Crisis and Crusade in the Mediterranean: Venice, Portugal, and the Cape Route to India (1498—1509)", in *Studi Veneziani*, Vol. 28, Pisa, 1994, p. 46.

② Frederic C. Lane, "Pepper Prices Before Da Gama", in Benjamin G. Kohl & Reinhold C. Mueller (eds.), *Studies in Venetian Social and Economic History*, London: Variorum Reprints, 1987, p. 595.

③ Frederic C. Lane, "Pepper Prices Before Da Gama", p. 596.

地位开始发生转移，地中海也不再是东西方贸易的唯一中心。地中海的香料贸易在东方土耳其人的骚扰下经历了几次严重的危机，结果导致拥有从好望角到印度直达商路的葡萄牙人很快取代了威尼斯，成为大西洋沿岸欧洲国家香料的主要供应商。里斯本，进而是比利时的安特卫普成为新的大西洋贸易世界的中心。以威尼斯为中心的传统地中海贸易商圈的地位慢慢地退至一个区域贸易网络，威尼斯也失去了它在经济上“相对的”重要性，尽管从财政收入和商业利润上看，16世纪的威尼斯也许比15世纪的威尼斯更为富有。①

比起经济上葡萄牙人给威尼斯带来的经济压力，16世纪威尼斯共和国面临的威胁更多的来自于周边民族国家的政治和军事压力。这其中国土面积最为广阔，对威尼斯威胁最大的无疑是崛起于地中海东岸的奥斯曼土耳其帝国。威尼斯起初对土耳其人的威胁估计过低，认为他们在陆地上生活，在海上应该并不可怕。但1499年，土耳其人的舰队在毫无预警的情况下闯入伊奥尼亚海，在宗乔(Zonchio)同威尼斯的国家舰队进行了一场惨烈的战斗，威尼斯人引以为傲的国家舰队在这次战役中损失惨重。这次战争的失利也直接地打击了威尼斯最主要的工业部门——造船业。土耳其人在1500年左右，利用地缘优势占领和吞并了威尼斯在爱琴海域的几乎所有重要商业据点，其中包括被称为“共和国在地中海东岸一双眼睛”的莫东(Modon)和科伦(Coron)。这样一来，威尼斯自1204年攻陷君士坦丁堡以来建立的与小亚细亚和利凡特地区的商贸航路几乎完全陷入土耳其人之手。之后，土耳其人对威尼斯共和国在达尔马提亚海域领地以及本土重要行省普留里的侵略与骚扰不仅严重地干扰了威尼斯正常的对外商业贸易活动，还使威尼斯在这一时期面临腹背受敌的困境。1503年，威尼斯被迫与土耳其签订和平条约，割让其在阿尔巴尼亚和希腊地区的许多商业城市据点。②

威尼斯共和国在这一时期被迫放弃大批海外领地的另一个主要

---

① [法]费尔南·布罗代尔：《菲利普二世时代的地中海与地中海世界》(第一卷)，第575页。

② Frederic C. Lane, *Venice: a Maritime Republic*, p. 242.

原因是，威尼斯此时正在其大陆领地深陷于同入侵意大利的法国军队的战争之中。威尼斯共和国在中世纪晚期所信奉的意大利均势平衡的外交政策在这一时期已然失去作用。法国和随后兴起的西班牙这两个民族国家为争夺在意大利地区的势力范围，自15世纪末，16世纪初就频繁地入侵意大利。周边两大民族国家对意大利地区的侵略不仅严重地破坏了这一时期意大利城市国家的发展，更将意大利地区各国深深地拖入到了整个欧洲国家秩序体系中来。

威尼斯共和国自14、15世纪开始对意大利大陆地区领土的征服和扩张在很大程度上是出于为威尼斯城提供安全防护屏障的目的。但到了16世纪，威尼斯在大陆扩张的纵深范围之广、势力之大，不仅使周边的城市国家，如米兰和佛罗伦萨等感到了巨大的威胁，更由于其在这一时期将势力范围扩张至教皇国境内的罗马涅地区(Romagna)而引起了教皇的强烈不满。1509年，教皇尤利乌斯二世(Julius II)联合这一时期自北面入侵意大利的法王路易十二(Louis XII)，自南面入侵那不勒斯王国的西班牙国王“虔诚者”费迪南德二世(Ferdinand II of Aragon ‘the Catholic’)和意欲重新夺取意大利控制权的神圣罗马帝国皇帝马克西米连一世(Maximilian I)组成“坎布雷联盟”(the League of Cambrai)①向威尼斯共和国发起战争，力图夺回并占领威尼斯的大陆领土。威尼斯在面对这样一支强大的领土国家的联合军队时，完全暴露了其作为城市共和国的劣势。在没有常备军和广阔的领土作为战备资源补给的情况下，威尼斯的雇佣兵军队在1509年阿纳迪洛战役中溃败，威尼斯共和国损失几乎其全部大陆领土，仅依靠其海军舰队和海洋这一天然屏障，威尼斯城得以保全。坎布雷战争之后，威尼斯花了近10年的时间收复了大部分的大陆领土，但意大利其他国家对于威尼斯共和国的威胁已经不复存在，威尼斯共和国在16世纪初失去了其欧洲一流国家的地位。

---

① Catherine B. Avery, *the New Century Italian Renaissance Encyclopedia*, New York: Meredith Co., 1972, pp. 193-194.

二、社会内部面临的问题

威尼斯共和国在16世纪初期遇到的来自外部的经济和军事上的压力和打击，对其国内社会生活也产生了重要的影响。"威尼斯神话"中关于共和国独立自由、繁荣富裕以及和谐稳定的赞誉在这一时期都遭遇到了严重的挑战，威尼斯社会内部在16世纪也面临了诸多的困难和问题。

16世纪初期，周边民族国家连年的军事侵略和威尼斯在重要战役中的失败，不仅使威尼斯失去了其"海外领地"中的重要据点，更令其损失了几乎全部的"大陆领地"，威尼斯城也只是由于海洋这一天然屏障而得以自保。战争失败和领土的沦陷不仅使"威尼斯神话"中关于共和国独立自由的形象开始受到质疑，同时，也引起了其统治者对国家发展政策和路线的反思。关于威尼斯在意大利战争初期遭到失败和打击的原因，在国内和国外引起了不同的看法。那些在威尼斯大陆扩张过程中被侵占和吞并的城市和城市国家认为，威尼斯的失败是其妄图建立"意大利帝国"(imperio d'Italia)的野心日益膨胀后必然遭到的报应；而威尼斯的贵族统治阶层则认为，它在中世纪晚期向意大利本土扩张的行为，本意上仅仅是为了给威尼斯城提供安全保障和经济补给，但为此付出却是忽视或牺牲了其海外领土和海上实力的巨大代价。① 威尼斯自建国开始就是以发展商业为本，贸易立国。正如16世纪初，威尼斯的贵族普留里在元老院的日常辩论中所谈到的："金钱是共和国的重要组成部分，而贸易，特别是海外贸易，是整个城市的养分和利润来源……只有保证了海外贸易的兴盛，才有源源不断的财富支撑国家的发展。"相反，他认为投入大量人力、物力与换来的本土资源和安全保障相比，有些得不偿失。他甚至在日记中断言，如果威尼斯的海上贸易衰落，无法维持其在地中海世界的经济霸权地位，或者失去对利凡特地区的商业控制权，那么它将会在不远的将来失去其大陆

---

① Nicolai Rubinstein, "Italian Reactions to Terraferma Expansion in the Fifteenth Century", p. 209.

领地。① 普留里的观点虽然带有较强的主观色彩，但还是在一定程度上反映了这一时期威尼斯贵族统治阶层对待大陆领土和海上势力，对待高风险高回报的商业贸易和投资回报稳定的手工业之间的矛盾心情。威尼斯共和国在16世纪该如何发展，政府的领导策略与发展路线是摆在其贵族统治者面前必须解决的主要问题。

16世纪初期，地理大发现和战争对威尼斯共和国经济的影响不仅反映在对外贸易方面，更直接体现在其国家财政的收支状况上。前文已经谈到了，新航路的开辟使葡萄牙人开始威胁威尼斯东西方贸易的霸权地位，除此之外，这一时期土耳其人在地中海地区同威尼斯的战争，不仅严重地干扰了它与近东利凡特地区的传统贸易往来，使威尼斯的对外贸易收入减少，同时，由于威尼斯共和国没有常备军，在进行对外战争时一般出资组织雇佣军队，因此连年的战争也让威尼斯的国家财政支出压力增大。根据贵族桑努托的日记，1508年，为组织雇佣军队参加与坎布雷联盟的战争，威尼斯政府需向当时的雇佣军队长波托罗（Bortolo）支付3000杜卡特的年薪，并每年为他的雇佣军队支付249000杜卡特的薪酬。同时，在这份雇佣合同上还标明，这笔支出必须从威尼斯的大陆领地的收入中支取，其中2/3来自维罗纳地区，1/3来自维琴察地区，以方便雇佣军队长更好地控制这两个地区和征兵的规模。② 这一支出在坎布雷战争失利后不得不转移到了威尼斯城的财政收入上。1509年，威尼斯为了收复其临近的大陆领土帕多瓦，花费了近50000杜卡特用以组织雇佣军队参战。③

连年战争导致的巨额战争支出和商业贸易利润的减少，使得威

---

① Girolamo Priuli, *I diarii di Girolamo Priuli*, Vol. 2, p. 14, 156, Vol. 1, p. 196，转引自 Alberto Tenenti, "The Sense of Space and Time in the Venetian World", p. 22.

② Patricia H. Labalme & Laura Sanguineti White (eds.), *Venice, Città Excelentissima: Selections from the Renaissance Diaries of Marin Sanudo*, p. 266.

③ Felix Gilbert, "Venice in the Crisis of the League of Cambrai", in J. R. Hale (ed.), *Renaissance Venice*, p. 283.

尼斯既无法依靠直接税①获得稳定的税收收入，间接税的收入也越来越无法保证。贵族政府不得不采取在国内开征新的税种和发行“更新的公共债券”(Monte Novissimo)②的方式来缓解财政收入的紧张状况。1509年，政府规定所有在威尼斯城租住房屋的外国人必须支付占其租金50%的租金税，在德国人的商栈“方达可”(Fondaco dei Tedeschi)从事贸易的商人必须支付商品销售税，未缴纳税的商品不得在市场上出售，否则将被市场巡查官员没收。此外，“捷托区”的犹太人支付的居住税在这一时期也开始增长。③ 这些战时的应急财政措施并没能产生很好的效果，毕竟对外贸易的衰落和商业活动的减少，使得税收收入的减少在这一时期不可避免；战争期间，国家的财政支出紧张，政府已经无法定期支付公共债券的利息，这直接影响了民众对政府财政信用的信任，不愿出资认购这次的新债券。

商业贸易的衰落和连年对外战争所造成的破坏，不仅造成这一时期威尼斯国内的财政状况入不敷出，更严重地影响了威尼斯正常的社会生活。“威尼斯神话”中最令人称道的和谐稳定的社会环境，在这一时期也遇到了各种社会问题。首当其冲的就是战争造成了大量的难民和流民涌入威尼斯城。特别是威尼斯在阿纳迪洛战役失败后，大批在战争中失去土地和房屋的大陆本土农民逃至威尼斯城避难。他们很多人无家可归，只能在城内漫无目的地游荡，有些甚至

---

① 威尼斯的财政税收分为两大部分：直接税和间接税。直接税包括向大陆领地征收的土地财产税，以及向威尼斯城居民征收的财产和收入税，公共债券也是直接税的一种；间接税指各类商业税收，包括港口通行税，进口关税，谷物食品销售税，商铺租金收入税，金融交易税等。

② 威尼斯的公共债券是政府以国家财政收入为资金担保，向国内居民销售的“国库券”，民众通过认购这种公共债券一方面可以使国家在短时间募集更多的资金，另一方面国内民众也可以从中获得稳定的利息收入。威尼斯的公共债券经历了从“老公共债券”(Monte Vecchio)到“新公共债券”(Monte Nuovo)到“更新的公共债券”(Monte Novissimo)的发展过程。

③ Felix Gilbert, “Venice in the Crisis of the League of Cambrai”, in J. R. Hale (ed.), *Renaissance Venice*, p. 284.

将自家的牲畜也赶进城内狭窄的街道中。政府为了避免流民对城市环境和安全的威胁，将城内的几座修道院开放用以安置这些难民，但这又给瘟疫和疾病的快速传播提供了机会。同时，难民和流民的大量涌入威尼斯城内，还造成了城市的治安状况恶化，抢劫、偷窃和街头暴力事件在这一时期也时有发生。① 除此之外，威尼斯在失去了大陆领地之后，城内的粮食等生活物资的供应开始出现紧张的局面，而威尼斯主要的谷物进口地区——克里特岛和塞浦路斯在这一时期也都不同程度地受到了来自土耳其人的侵扰与影响。威尼斯城因此在 16 世纪初还时常面临饥荒的威胁。

除了这些由战时危机引发的短暂而急剧的社会问题之外，整个 16 世纪威尼斯都面临着因瘟疫、饥荒等外在和自然因素引发的城市人口迅速减少的问题。而这一时期，对外贸易的衰退和商业活力的下降，一方面使那些依靠商业致富的贵族和精英市民阶层，开始在商业活动上不思进取，耽于享受奢侈的生活，另一方面也造成了许多贵族和商人家族由于投资或贸易失败而走向衰败，陷入贫困的状况。不仅如此，威尼斯的普通民众在这一时期更是因就业机会和交换贸易的减少而面临贫困的威胁。这些社会问题的叠加使得威尼斯引以为傲的和谐稳定的社会在 16 世纪动荡不安。

作为"威尼斯神话"基础的贵族政治在 16 世纪初也遭到质疑和挑战。作为威尼斯共和国各项声誉的政治基础，其贵族政治的体制构成和统治方式(德行)在这一时期也出现了问题。首先，这套"完美"分权的贵族政体尽管通过集体讨论和决议限制了个人权力的膨胀和独裁趋势，但同时也造成了政府办事效率低的弊端，很多时候甚至往往出现讨论结果不了了之，或者政府提案在各个会议和委员会的几轮投票后流产。这一点也成为威尼斯在坎布雷战争失败的一个因素，遭到了来自贵族统治阶层内部的诟病。而战时威尼斯财政吃紧的情况下，不仅停止发放了各行政部门官员的薪水，更将一些政府的低级办事职位，如抄写员、公证员和账务会计等标价出售给

---

① Felix Gilbert, "Venice in the Crisis of the League of Cambrai", in J. R. Hale (ed.), *Renaissance Venice*, p. 281.

“原住市民”阶层。另外，在这一时期，贵族还可以通过认购一定数额的政府公共债券来获得元老院的成员席位，而无需经过投票选举。1515年的一项法令更是规定，不够年龄条件的贵族只需向政府交纳100杜卡特即可成为“四十人法庭”的成员。① 这种公开的卖官鬻爵行为，在一定程度上打破了威尼斯贵族政治的正常运作，也损害了其公平公正的统治原则。其次，与上面提到的社会问题相联系，这一时期威尼斯的贵族阶层奢侈攀比和腐化堕落的生活行为严重地破坏了他们公正自律的形象。贵族中激进分子普留里就在日记中写道：“总督和元老院的那些大臣们，既希望能躺着舒适的家中享受生活，又希望自己能成为最后的胜利者。但将这两点结合起来是多么的困难，以至于是不可能的。”②

除了这些在战争期间暴露出来的问题之外，威尼斯的贵族统治阶层内部在16世纪也出现了分化，其中问题和矛盾主要发生在青年贵族(giovani)和老年贵族(vecchi)之间。青年贵族的不满主要表现在其被排除在政府高级职位和核心集团之外，因为在15、16世纪，威尼斯的贵族政府实际上是一个“老人统治”的局面。据统计，在1400—1600年间，共和国总督继位的平均年龄是72岁，这比教皇登基的年龄平均老了18岁③；其他职位的“老龄化”趋势也是很严重的。政府对各职能部门成员的年龄都有硬性的法律规定。如，只有年满25岁的贵族男性方有资格进入大议会，年满32岁才有资格进入元老院(1431年后的情况)，进入十人会议的贵族必须年满40岁。但在实际操作中，政府官员年龄要求被进一步抬高：只有年满50岁的贵族才有可能被选举为元老院的成员，而想在50岁之前进入十人会议几乎不可能。④ 这样一来，实际上就造成了大批40

---

① Felix Gilbert, “Venice in the Crisis of the League of Cambrai”, in J. R. Hale (ed.), *Renaissance Venice*, p. 285.

② Girolamo Priuli, *I diarii di Girolamo Priuli*, p. 44. 转引自 Felix Gilbert, “Venice in the Crisis of the League of Cambrai”, in J. R. Hale (ed.), *Renaissance Venice*, p. 275.

③ Robert Finlay, *Politics in Renaissance Venice*, p. 125.

④ Robert Finlay, *Politics in Renaissance Venice*, p. 126.

岁以下的青年贵族无法进入元老院以及更高级别的政府机构的局面。他们也对这种一切以年龄为标准的官员任免方式进行了猛烈的抨击。1509 年，普留里在日记中就对当时的总督雷昂那多·罗勒丹(Leonardo Loredan，时年 73 岁)及其领导的“衰老”政府进行了抨击：“他们总是认为自己的生命是永恒的，尽管他们根本就无法保证能否再多活一年，他们总是用自己的一把年龄来判断大部分事务。”①而面对青年贵族们的指责，老年贵族们表示的更多是对他们的警惕与不信任。这两个集团之间的权力斗争也成为 16 世纪威尼斯贵族政治必须面对和解决的问题。

本章小结

威尼斯在近代早期独立自由的国家地位和稳定和谐的社会环境使其在当时的欧洲获得了很高的声誉，这些理想化的表述与思想被现代学者概念化为“威尼斯神话”，成为当时威尼斯最具影响的意识形态。威尼斯的贵族政治也因其分权制衡的“完美”政体和公正自律的统治德行，既成为“威尼斯神话”的重要组成部分，也成为解读“威尼斯神话”的主要途径。但危机就潜伏在这样的一片“盛世”景象之下，地理大发现和西欧民族国家的兴起慢慢蚕食着威尼斯共和国在中世纪晚期所确立的经济和政治地位。16 世纪的威尼斯共和国经历了比以往任何时期都复杂而严峻的考验。商业贸易地位受到来自土耳其人的侵扰和葡萄牙人的威胁；战争不仅使其经济状况进一步恶化，更引发了一系列的社会问题，和谐稳定的社会环境在这一时期也动荡不安；而威尼斯的贵族政治也在这一时期暴露出一些体制和统治方式的问题，统治阶层的内部矛盾也在一定程度上损害了其作为一个和谐一致统治集团的形象。

16 世纪初，威尼斯共和国所面临的战争和社会危机，既有来自外部世界和环境变化所形成的压力，更是其社会内部积累的矛盾和问题的一次集中爆发。周边民族国家的兴起和领土国家的扩张对

① David S. Chambers, *The Imperial Age of Venice*, 1380—1580, p. 83.

威尼斯生存空间的发展投下了巨大的阴影，威尼斯也开始逐渐丧失其自中世纪以来对外扩张和商业贸易的活力。威尼斯共和国在16世纪所经历的危机与困难既有共性的原因，如这一时期，地理大发现刺激了欧洲各国向新世界扩张的野心，欧洲民族国家的纷纷崛起使中世纪晚期发展起来的城市普遍感受到了威胁；也有其产生和发展的独特社会环境。在那些中世纪发展起来的城市和城市国家中，大多数未能经受住15、16世纪这场漫长的“城市危机”而走向了消亡，被领土国家所取代和吞并。而威尼斯呢？它是如何经历住这场考验，成为意大利地区在近代早期唯一幸存的城市共和国？它引以为傲的贵族政治在其中经历了哪些调整，采取了怎样的应对措施，通过哪些方式来管理和控制整个社会，使威尼斯共和国的“神话”不仅没有在16世纪破灭，反而继续发展，拥有了持久的生命力。这些问题将在接下来的两章内容中进行探讨。

第三章

威尼斯贵族政治的调整与应对：政治与经济方面

16 世纪威尼斯共和国面临的困难与危机，促使其贵族统治者开始对其政治体制和统治方式展开反思和调整，并积极采取各项措施，应对近代早期地理大发现和新航路开辟对其经济生活造成的影响。

第一节 16 世纪的威尼斯贵族政治的发展与调整

一、发展成熟的混合式贵族政体

16 世纪威尼斯的贵族政治体制与 13 世纪末这一体制刚刚确立之时相比，基本的政府机构构成没有发生很大的变化，依然保持一个基本的金字塔形结构，但体制内部各部门的设置和职能则进行了一些改革和调整。贵族政体在这一时期发展得更为成熟，但同时也更为复杂。

位于这个金字塔形贵族政体底端的仍然是大议会，它是整个贵族政治统治的基础，贵族政府所有部门的官员都从这个议会中产生。同时大议会也是区分贵族统治阶层与其他社会阶层的唯一标准，只有具有大议会成员资格的威尼斯人及其家族可以被称为贵族，因此它也象征了共和国的荣耀地位。16 世纪初，大议会的成员人数约为 2500 人左右，共和国贵族政府约 800 个官员职位通过无记名投票的方式在他们之中产生。这些官职的任期大部分为短期，其中有超过 2/3 的部门官员在威尼斯城内就职，150 名左右的官员被派往威尼斯共和国的大陆行省任职，另外 100 名左右的官员则被派驻海外，担任驻外大使、舰队司令官或其他战时临时岗位的官员。① 尽管大议会是威尼斯贵族政府的权力统治机构，但由于其庞大的成员人数和规模，使其无法有效地处理政府日常的政治事务。除了选举和任命各级政府官员，大议会在 16 世纪已经不再参与贵族政府各项政策的制定与财政事务的处理和决断。

与大议会实际权力在 16 世纪下降形成对比的是元老院地位的上升。16 世纪，元老院成为威尼斯贵族政治权力的真正焦点，“是实际统治这个国家的议会机构”。② 尽管政府所有重要部门的官员都是元老院的当然成员，但真正具有参政议事资格的元老院成员主要由以下几大机构的成员组成：60 名由大议会直接选举产生的常规成员；60 名元老院附属机构(Zonta)成员；③ 以及“四十人法庭”(Quarantia criminal)④的成员。除此之外，还有约 140 名来自政府其他部门的官员作为列席成员出席元老院的会议。元老院在这一时期地位的上升同大议会成员人数庞大机构臃肿有直接关系，因此元老院在 16 世纪承担了大部分政府有关战争与媾和、武装与调解、立法与征税等多项事务的讨论和决策工作。尽管元老院的正式成员为以上三个部门共 140 名成员，但在实际运作中，参与讨论的人数有时上升到约 300 人左右，其中约 230 名成员具有最终的决策和投

① David S. Chambers, *The Imperial Age of Venice*, 1380—1580, p. 74.

② Marino Sanuto, *Cronachetta*, Rinaldo Fulin(ed.), Venice, 1880, p. 104.

③ 这 60 名附属机构成员由元老院提名，然后交大议会投票产生。

④ “四十人最高法庭”的成员由大议会选举产生，他们必须在威尼斯另外的两个法庭——“四十人新民事上诉法庭”(Quarantia Civile Nuovo)和“四十人老民事上诉法庭”(Quarantia Civile Vecchia)——服务工作 16 个月后方能进入元老院。

票权。他们基本上都是曾经当选元老院成员或正在元老院任职的人。元老院成员的任期一般只有一年，但由于元老院不限制成员任期的间隔和当选的次数，因此其很多贵族被反复选为元老院成员参与国家政治事务的集体讨论，这样就从人事方面既保障了威尼斯政务决策和执行的连续性和稳定性，又保证了元老院的决策是来自于拥有长期政府工作经验的资深贵族成员。

16 世纪，元老院承担了贵族政府大量行政事务的处理，因此为了保证政府工作的效率和条理性，威尼斯的贵族统治者在这一时期为元老院设置了一个专门的筹备委员会(Collegio)，用以为元老院制定政府议事日程安排以及监督政府立法执行情况。这个委员会对于贵族政府日常运作极为重要，亨利·伍登爵士(Sir Henry Wotton)就将威尼斯的科雷吉奥形象地比喻为贵族政府的胃，因为所有的政府事务首先要在这个部门进行消化。① 筹备委员会科雷吉奥由三类不同的政府部长(savi)组成，其中包括 6 名“大部长”(savi grandi)，5 名“大陆本土部长”(savi di terraferma)和 5 名“海事部长”(savi agli ordini)。不过，筹备委员会在这一时期所担负的责任和所负有的职能必须同贵族的小统治集团“核心政府”(Signoria)组成的“大筹委会”(Pien Collegio)来一起共同完成。从“大筹委会”的人员构成和其履行的职责来看，它成为了 16 世纪威尼斯贵族政府的最高执行委员会。同时，这也从一个侧面反映了“核心政府”到了 16 世纪地位有所下降，“核心政府”在这一时期除了协助筹备委员会制订大议会和元老院的议程安排之外，其主要的职能只剩下了单纯地主持共和国的庆典仪式。

与“核心政府”的地位相对下降不同，“十人会议”在 16 世纪的权力和地位大大上升，成为组成威尼斯统治核心中的重要机构。其成员在构成上同早期的发展没有什么变化，只是增加了一条规定，即当“四十人法庭”的首领中有人当选为“十人会议”成员，他必须

① Logan Pearsall Smith, *The Life and Letters of Sir Henry Wotton* (2 vols.), Oxford, 1907, Vol. 2, p. 485, 转引自 Robert Finlay, *Politics in Renaissance Venice*, pp. 39-40.

立即退出“核心政府”。另外，这一时期“十人会议”也设置了一个由15—20名成员组成的附属机构(Zonte)，其成员由“十人会议”成员挑选，无需投票选举。这些附属机构的成员也可以列席参加“十人会议”的日常大会，并参与商议和讨论其中各项政府事务。

到了16世纪，威尼斯总督作为共和国的首脑，其政治地位依然处于整个贵族政治体系的顶端，但他的实际政治权力却依然处于下降和被限制的状况。尽管总督在这一时期依然被以康坦尼里为代表的人文主义者认为是君主制的象征，但在实际的政府运作中，总督即使在其总督委员会的支持下仍然无法指派和调遣其政府中的任何部下。在缺乏行政执行的最高权力后，总督作为共和国政治首领的职能已经从发布命令退至劝说建议。总督作为威尼斯贵族政府首脑和共和国荣耀的象征，他在16世纪的主要职能仅仅是主持政府各级议会的召开和作为共和国的象征出席各种重大的政治和外交接洽会见活动。

这一时期，威尼斯的核心政治集团的构成也发生了微妙的变化，贵族政府中的六名大部长和三名十人会议首领取代原来三名四十人法庭首领的地位，与总督和总督委员会组成了新的统治核心。① 这十六名成员组成了威尼斯贵族政府实际的最高行政机构，他们有权出席并参与政府的各级议会和委员会召开的会议，特别是元老院每周召开的例行政府会议。他们还有权在紧急情况和爆发突发事件时，绕开大议会和元老院的政务处理程序，直接做出决定和发布命令，而无需报大议会和元老院批准通过。16世纪由于威尼斯面临的战争和其他的突发局面增多，贵族的核心统治集团出于保密和提高行政处理效率的目的，越来越多地开始行使这项决断权。在这个核心的统治集团内部，虽然除了总督的任期是终身制，其他各职位的任期都比较短暂，基本上最长的任期也不会超过18个月，但由于威尼斯贵族政府的提名选举方式，使得这些核心的贵族成员就算是结束了这个部门的任期也会有很大可能在接下来一个月的选

---

① Frederic C. Lane, *Venice, a Maritime Republic*, p. 256.

举中出任另一个部门的职位，从而保证继续留在这个核心的统治圈子内。

威尼斯共和国的这套贵族政治体制在16世纪发展得更加成熟和完善(如图3-1所示)。早先发展过程中出现的一些临时的专门委员会到了这一时期已经由专门的机构和政府部门所取代；政府各部门的职责和权力也划分得更加清晰，政府部门的专业化是这一时期威尼斯贵族政治发展的一大特点。虽然16世纪威尼斯的贵族政体较之以往，在设置上显得更为复杂，但其分权和各部门制衡的原则还是没有发生根本的改变。康坦尼里所描述的那种君主制、贵族制和民主制叠加混合的政治体制虽然在威尼斯的贵族政体构成中确实有所反映，但这一时期大议会作为民主政治的代表，其权力大部分上移至元老院，只是在部分政府机构和官员(大部分为政府的低级官员)的选举和任命上才体现出全体贵族阶层参与政治的所谓“民主性”。而总督的个人权力在16世纪进一步被限制，总督仅仅在代表国家出席仪式庆典中才具有类似于“君主”的特征，仅有“君主”之名①而无“君主”之实。这一时期，威尼斯的实际政治权力集中在以元老院为代表的贵族小集团手中，这个核心成员不超过一百名，核心圈外围人数不超过三百名的贵族统治集团是威尼斯共和国日常事务的真正决策人和执行者。因此，威尼斯共和国在16世纪的政体结构从实质上看是典型的贵族寡头政体。

二、贵族政治危机的应对与协调

16世纪，威尼斯的贵族政治体制虽然得到了进一步的发展与完善，但在实际的运作过程中，还是存在着行政效率不高，和由于机构设置复杂引发部门间职责混乱的弱点。这些为了维护贵族统治阶层内部公平和避免贵族内部党争的过程中所不可避免产生的缺陷，在坎布雷战争期间以及在处理其他紧急状况时，暴露得更为明显。这主要表现在，政府内各职位任期短暂也造成了贵族官员的频

① 威尼斯总督在共和国的官方文件中也被称为“君主”(Il Principe)。

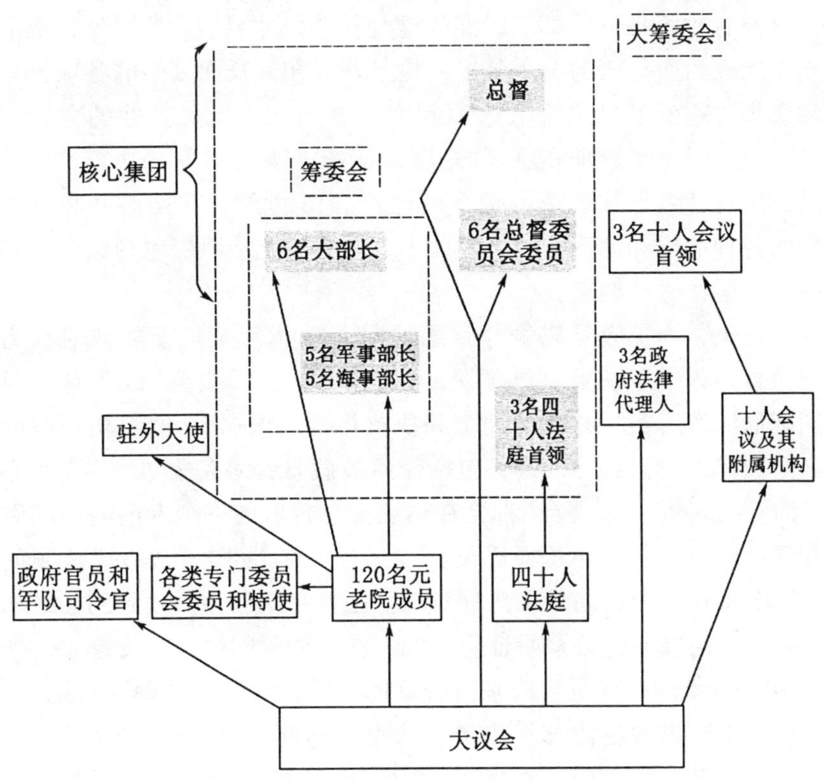

图 3-1 16 世纪威尼斯贵族政治体制构成①

注：指示箭头表示该职位或部门的直接选举和产生机构

繁轮换，而不同的贵族官员在处理事务时的不同偏好和风格，有时容易引起政策执行的不连贯性。与此同时，在 16 世纪，虽然为处理某项专门事务成立的短期专务委员会已不多见，不过在处理共和

① 详细的威尼斯贵族政体构成，可参见：Giuseppe Maranini, *La costituzione di Venezia dopo la serrata del Maggior Consiglio*, Venice, 1931; Enrico Besta, *Il Senato Veneziano: origine, costituzione, attribuzioni e riti*, Miscellanca di storia veneta, Vol. 5, venice, 1899; Frederic C. Lane, *Venice, a Maritime Republic*, ch. 18.

国重要的或紧急的事务时，还是会组建专门的委员会或办事机构，但这样有时容易造成部门职能的重叠甚至是冲突。除此之外，威尼斯贵族政治所标榜的民主公平，也是建立在冗长而复杂的各项投票和选举过程的基础之上。这项制度虽然是其政治民主性的主要表现，但有时过于繁琐和重复的投票，不仅容易使政策的执行速度降低，更有甚者导致政策或提案的流产。16 世纪，在面对共和国出现的各种危机和动荡的社会局面下，其贵族统治阶层也开始尝试对政府的运作进行调整。

首先，为了应对战争等紧急情况，16 世纪威尼斯的政府权力开始日益集中于高级官员集团，元老院和"大筹委会"成为这一时期威尼斯政府实际的政策制定和执行机构。根据 16 世纪初一位佚名法国作者的记载，每天，包括任何节假日，筹备委员会与"核心政府"组成的"大筹委会"都会在清晨于总督府的一个专门的房间召开政府例会。总督在总督委员会委员和三名"四十人法庭"首领的陪同下坐在这个房间最顶头的讲坛上主持每次例会。政府例会最初的一个小时左右为公众听证会时间，在这段时间内，总督首先会同其他"核心政府"成员听取来自公众的请愿，并迅速处理这类请愿。之后科雷吉奥的各位部长成员进入会议房间，六名"大部长"居右而坐，五名"军事部长"居左，"海事部长"位居下座。在正式会议开始之后，房间的房门会一直紧闭，防止会议机密外泄。① "大筹委会"的每日例会首先将安排和制订出元老院会议的日程安排，然后同"大筹委会"的其他成员汇集整理政府各部门递交的工作报告，宣读官员派遣函，听取驻外公使和驻共和国大陆行省特派员的述职报告，不过最重要的是决定哪些政府提案和行政事务需要提交给下午召开的元老院审理讨论。当这些会议日程结束后，总督带领其他"核心政府"的成员离开会场，留下筹备委员会的各位部长继续讨论向元老院提交的各项动议和提案的细节问题。尽管元老院所有的

① Extracts from *Description ou traictié du gouvernement ou régime de la cité et seigneurie de Venise*, Perret, 1896, Vol. 2, pp. 270-274, in David Chambers & Brian Pullan(eds.), *Venice: a documentary history*, 1450—1630, p. 44.

成员都有权向其提交与自己所在政府部门有关议案和动议，但这些提案都必须先通过筹备委员会的审议和讨论后再决定是否递交至元老院讨论。这也成为筹备委员会和“大筹委会”在16世纪权力地位上升很快的一个原因。

而与元老院和“大筹委会”权力和地位上升形成对比的是，大议会这个传统的权力机关的地位和作用的下降。成员众多的大议会作为整个贵族统治集团的基础，在一开始被赋予了较多的立法和行政决定权，但其效率低下和政策决定程度繁琐一直为贵族统治者本身所诟病。在16世纪之前，它只是威尼斯贵族政体为了维护其统治的公平公正而必须承担的代价。① 但在16世纪的危机面前，这一代价也成为共和国战争失利和国内经济社会环境恶化的替罪羊。因此，16世纪上半叶，大议会的一些具体职能为更高一级的政府部门所瓜分，元老院和“大筹委会”成为国家政治和军事指挥的权力机关，“十人会议”负责城市内的一切紧急和机密事务的处理。而这些政策的制定和权力的行使大多无需经过大议会的批准即可执行。

其次，为了打击贵族之间的奢侈腐化之风，重新巩固威尼斯贵族公正清廉的统治形象，威尼斯贵族政府在这一时期不仅严厉查处贵族内部的贪污和腐化行为，还出台了一系列的法律措施来规范贵族统治者的言行。在这些规范和惩罚措施中，影响最大的是对16世纪初的总督奥古斯蒂诺·巴巴里格(Agostino Barbarigo，1486—1501年在位)贪污国家财产的审判和惩罚。1501年，在总督巴巴里格去世后不久，关于他的财产调查就在大议会的授权下展开。十人会议任命的审判官安东尼奥·罗勒丹(Antonio Loredan)在经过调查后，认为这位前总督在任期间，在经济上贪婪，侵占大陆行省的税款，在政治上出卖司法正义，已经失去了作为一国之首的权威。他在主持大议会时，与会的贵族对他的讲演和请求已经置若罔闻。②

① Robert Finlay, *Politics in Renaissance Venice*, p. 38.

② DMS, iv, cools 181-182, in David Chambers & Brian Pullan(eds.), *Venice: a documentary history*, 1450—1630, p. 73.

根据审判官的最后判决，这位前总督被指控犯有 12 项罪名，其中最重要的三项为：贪污国家公共债券利息共计超过 680 杜卡特；在宴请米兰公使时，将米兰公爵赠与“核心政府”的礼物——各类珍禽野味据为己有，并将这些礼物转卖给家禽商贩；通过逃税的方式低价购进超过一万夸脱的酒，然后再高价转卖到市场。① 尽管这位总督在判决时已经去世，但他的继承人还是为此赔付了大量财产，并在很长时间内被排除在政府的主要政府部门之外。

贵族政府还趁这股惩治腐败的风潮，颁布了更为严格的禁奢令，进一步规范贵族的生活。该禁奢令要求贵族男女无论贫富，必须按照社会道德的标准着装。贵族妇女的服饰必须简单，并以同样的材料制成，透明面料的裙装被严令禁止。同时在佩戴的珠宝首饰上也有明确的要求，如佩戴的项链和头饰价值不能超过 100 杜卡特，并且禁止使用金银等贵金属制作头带或腰饰等。禁奢令颁布的主要目的是为了限制贵族在这一时期的炫富行为，防止这种公开显露财富的行为进一步拉大贵族与其他城市居民的贫富差距和等级差距。②

不过，在 16 世纪，尽管威尼斯的贵族政府较为重视社会贫富差距和分化问题对社会稳定的影响，但这一时期，贵族统治阶层内部的分化和矛盾则在进一步加深，其中最主要的就是青年贵族同老年贵族的矛盾。青年贵族在实际的政治生活中很难进入核心的统治集团。造成这一局面的原因有很多种，首先是贵族统治阶级不希望出现因年轻人担任高级职位而对权力产生野心，这一点在 49 岁继任总督福斯卡里身上体现得最为明显。他在位 34 年间(1423—1457)一直寻求向西部意大利本土进行扩张，常年的对外战争使得威尼斯处于战乱之中，虽攻米兰，败贝尔加莫、布雷西亚以及克雷莫纳，吞并了波河、阿达、阿尔卑斯以及伊松佐等广大地区，使威

---

① DMS, iv, cools 181-182, in David Chambers & Brian Pullan(eds.), *Venice: a documentary history*, 1450—1630, p. 74.

② Felix Gilbert, “Venice in the Crisis of the League of Cambrai”, in J. R. Hale (ed.), *Renaissance Venice*, p. 279.

尼斯在这一时期成为意大利半岛上的强国，但随之而来的是其在权力达到空前顶点时，日益加强其专制统治。这引起了贵族统治阶级的强烈不满，此时其子贾柯莫又被指控贿选，后因为收受米兰公爵的礼物而被大议会流放到希腊。① 因此贵族统治阶级不得不修改宪法，对总督的权力进行更进一步的限制，并且避免再次出现年轻者入主总督府的情况。其次，贵族中的年长者通过近 20 年在政府的基层行政部门的任职，已经积累了大量行政工作的经验，对各项事务的处理也是早有准备，并且这种长期的为共和国政府的服务能将年轻者那种激进好胜的性情磨合得趋于平和，用年龄抵消对权力渴望的野心，并懂得在遵循旧例的基础上调和统治阶级的矛盾，最终实现统治阶级内部的稳定与和谐。从这一点上看，威尼斯共和国与罗马共和国有些相似，政府都是掌握“在谨慎的年长者手中，他们欣赏的是服从，对问题谨慎的理解，并且希望年轻的一代通过约 15 年的行政培训也成为谨慎的长者”。② 最后，这种对于贵族“崇老”的教育从其进入统治集团时就已经开始了。年轻人在开始其政治生涯时，必须学会两点：一是政治初学者必须倾听别人(尤其是年长者)的意见；二是必须穿着统一的黑色长袍制服，以随时保持庄严的行为举止，这种长袍作为共和国统治阶级的外在表现，被赋予了特别的象征意义。当年轻的贵族没有开始其政治生涯时，大可穿着艳丽的服饰在城中喧哗嬉闹，但一旦其披上这种长袍，他就象征着共和国的统治，必须要与统治阶级所信仰的价值观和言行保持一致。(如图 3-2 所示)因此，元老院“崇老”态度和谨慎的工作作风深深地影响了共和国的行政运作风格，它使得政府在做出某项决定或措施前都要三思而行，这一方面避免了许多犯错误的机会，但另一方面也降低了行政效率，从一位内阁成员或总督就某项政务提出的一项建议，到这项建议为大议会投票通过成为法规，中间的过程极为冗长繁琐，元老院为此进行辩论商讨的会议在未能使全体议员达成一致的情况下可以无限期拖延下去，直至最终以休会的方式

---

① Robert Finlay, *Politics in Renaissance Venice*, p. 135.

② Robert Finlay, *Politics in Renaissance Venice*, p. 137.

不了了之。甚至有时总督为使自己提出的一项政策不会因为遭到贵族议员的反对而搁浅，不得不假装提出一个与之相反的建议以达到通过自己真正想实施的政策的目的。① 不过，这种谨慎的作风还是从人事上保证了共和国的政治稳定和社会的和谐，因此这种传统在16 世纪在政府的行政运作中得以保留。

图 3-2　文艺复兴时期的威尼斯贵族

“老人统治”和以十人会议为代表的政府高层核心集团，在 16 世纪下半叶受到了来自青年贵族和元老院的挑战。16 世纪 80 年代，根据一位驻威尼斯的法国大使的述职汇报信的描述，威尼斯的青年贵族们通过利用在大议会和元老院的提出议案和投票的方式，逐步将政府重要官员的任免权，如政府财政部门官员的任免权收归元老院，同时废除了十人会议的附属机构(Zonta)，使政府的各个

① Robert Finlay, *Politics in Renaissance Venice*, p. 38.

部门摆脱了十人会议的秘密监视和控制。① 十人会议权力的下降也削弱了老人政治的核心力量，加上这一时期瘟疫的影响，老年贵族人数下降迅速，也加快了威尼斯贵族政府新老交替的速度。1584年3月，一位在那不勒斯布道的圣多米尼克教士指出的："一段时间以来，威尼斯的情况不佳，因为年轻人替代了老年人执掌政权。"②

16世纪，虽然威尼斯共和国的贵族政府进行了诸多的调整，但它还是保持了传统贵族寡头共和制的基本体制和运作方式。并且在这一时期，贵族政府不仅通过限制和打击自身内部的腐败行为，来避免激化社会阶层之间的矛盾，还将行政运作的过程对广大的市民阶层开放，普通市民可以通过各种方式向统治阶层传达自己的想法和主张。而大议会作为共和国最高的权力机关，随着行政管理的职能上移至元老院，就逐步成为一个民众舆论的聚积地，在倾听民众意见的基础上，很好地发挥了大议会监督元老院行政工作和制定共和国法律规章的作用。共和国的广大市民可以通过在总督府门前的示威，或通过在城市中散布的舆论来反映自己的想法，使政府的各项措施和大议会的选举立法有利于民众。如，1509年从北非返航的皮萨那(Pisana)号商船的船员在总督府门前的台阶上示威，反映船主未付他们工钱，后在政府的干预下使事情得到了解决。③ 而在1499年，为平息城中贫苦人民的愤怒，大议会以在佐基奥吃败仗为由，将安东尼奥·戈里马尼投入监狱。④ 这种情况甚至发展到出现公共舆论引导政府工作的情况，以至于统治阶级不得不"迎合那些暴民"做出一些决定，当时的贵族成员普利乌里就认为这些

① Letter from Hurault de Maisse, French ambassador at Venice, to King Henri III of France, 8 May 1583 (BN Fonds Francais 10736, ff. 301r-302r: copy in a 17th-century hand), in David Chambers & Brian Pullan (eds.), *Venice: a documentary history*, 1450—1630, p. 82.

② [法]费尔南·布罗代尔：《菲利普二世时代的地中海与地中海世界》(第一卷)，第481页。

③ Robert Finlay, *Politics in Renaissance Venice*, p. 45.

④ Robert Finlay, *Politics in Renaissance Venice*, p. 53.

"城市里小声的抱怨"是威尼斯在16世纪头10年对罗马涅实行扩张政策的背后隐藏的力量。①

第二节 贵族政治应对社会经济的困难与危机

16世纪威尼斯面临的各种危机中，对其贵族政府来说，最重要的就是社会经济上遇到的问题，主要表现在商业贸易活力的下降以及因战争和饥荒引起的城市生活物资供应紧张的问题。针对这些经济上的困难与危机，威尼斯的贵族政府一方面采取贸易保护措施，大力开展其他的商业活动来规避对外贸易的风险与困境，另一方面，通过行政手段保障城市生活必需品的供应，打击哄抬物价和囤积居奇等投机行为，严格控制城内的物价水平。

16世纪初，尽管受到来自葡萄牙人和土耳其人在海上贸易上的干扰和竞争，威尼斯同北非和利凡特地区的商业贸易依然继续保持着。特别是同北非亚历山大城的香料贸易，在这一时期仍然是威尼斯商业利润最为丰厚的一块。但相较于之前几个世纪，16世纪的威尼斯已经无法再继续称霸地中海的商业贸易。关于这一点，可以从威尼斯赖以自豪的工业——造船业，在这一时期的发展反映出来。威尼斯从16世纪初开始，其造船业的发展方向就经历了一次转向，传统用于远洋贸易的长形桨帆船(Long ship)在这一时期发展的速度下降，甚至慢慢消失，而用于短途货运的圆底帆船(Round ship)则增长迅速，到16世纪60年代，圆底帆船不仅在建造体积上，还在数量上都超过了以往任何时期。② 这说明在16世纪，威尼斯的确减少了传统的与东地中海，甚至小亚细亚之间的远程贸易，转而大力发展同亚得里亚海沿岸地区的交换贸易。为了维护自身在这一区域的优势地位，这一时期威尼斯贵族政府还通过出台相关法律，限制别国的船只在威尼斯港口装卸货物，如需要停靠

① Robert Finlay, *Politics in Renaissance Venice*, p. 54.

② Frederic C. Lane, "Shipping During the Commerical Revolution", *The American Historical Review*, Vol. 38, No. 2, 1933, p. 223.

威尼斯进行交易的话，必须换乘威尼斯的圆底帆船摆渡至威尼斯码头。如当时的年代记作家多梅尼克·马利皮耶罗（Domenico Malipiero）就记载了在这一时期来自拉古萨（Ragusan）的船只就被禁止停靠威尼斯港口。① 之后威尼斯贵族政府的这一保护措施被进一步强化，所有向威尼斯城运送粮食的船只，除了威尼斯自己的货船之外，其他国家和地区的船只一律不准靠岸。② 同时，为了鼓励这一时期私人商船的发展，政府在16世纪颁布法令，允许威尼斯的私人商船自由运送所有货物，甚至连之前一直为国有商船垄断的盐和谷物的货运，在这一时期也可以由私人商船组织运输。不过还是有三种特殊的商品运输由国有商船垄断，它们是：教会禁运的货物，由国有舰队（galley）垄断运输的货物以及摩尔商人及其货物。③

除了造船业之外，威尼斯贵族政府在这一时期，还鼓励贵族和城市的商业市民将资本投资到更加安全和有保障的大陆土地财产中。威尼斯的贵族们在这一趋势下，纷纷将手头的大量资本投资到购买大陆本土的土地和庄园地产之中。土地财产的商业利益也成为威尼斯共和国在坎布雷战争失败之后，经过10年的努力收复大部分大陆领地的内在商业动力。而在拥有了土地资源后，威尼斯的纺织工业在这一时期有了较为快速的发展。通过从弗兰德斯和托斯卡纳地区进口丝毛纺织原料进行二次深加工，威尼斯的高档丝织品成为当时欧洲上流社会竞相购买的奢侈品。

与威尼斯贵族政府向内挖掘经济潜力相伴随的是对国内经济秩序的整顿和维护。威尼斯贵族政府对国内的经济环境历来比较重视，特别是城市生活必需品的运输与销售。在威尼斯人看来，城市的“壮观与伟大”就在于“公正、和平与充裕”。④ 因此，威尼斯早

---

① Domenico Malipiero, Annali Veneti, in *Archivio Storico Italianno*, ser. I, vol. VII., pt. 2, Florence, 1843, p. 620.

② Senato Mar., reg. 16, f. 57, in Frederic C. Lane, "Shipping During the Commerical Revolution", p. 224.

③ Frederic C. Lane, "Shipping During the Commerical Revolution", pp. 226-227.

④ G. Botero, *Della relatione della Republica Ventiana*, Venice, 1605, p. 280.

在中世纪就设立有专管粮食的机构——谷物署。谷物署不仅控制谷物和面粉的进口，而且也管理集市的零售业务。如规定面粉只能在市内两个“公共场所”出售：一个位于圣马可广场附近，另一个在里亚尔托桥头。总督每天都要了解各商店的库存。一旦发现威尼斯的粮食储备只够一年或8个月的使用，谷物署就必须一方面加紧采购粮食，另一方面向粮商发放贷款，委托他们办理和准备。① 到了16世纪，除了粮食之外，其他重要物资的价格都由政府负责监督和控制，这样就保证了城市居民在购买时不会上当。如当时的政府就规定，在里亚尔托的肉店里出售的羊肉不得高于每磅3所蒂(soldi)。②

除此之外，威尼斯贵族政府为了应对这一时期因战争和饥荒引起的粮食短缺的危机，一方面出动国有舰队和大量圆底帆船去亚得里亚海周边的地区募集收购粮食，另一方面严厉打击城市内的粮食黑市和粮商的囤积行为，或以次充好等破坏社会经济秩序的行为。如贵族政府的卫生官员(Provveditori alla Sanità)就在1494年发布规章，禁止一切粮商销售或囤积腐烂变质的面粉，如有发现或被举报，则该粮商不仅被处以50里拉的罚款，还必须马上销毁这批质量差的面粉。③ 另外，贵族政府的高层领导机构也对战争和饥荒时期的食品价格作出了明确的规定，并派专员到各处市场巡查，防止黑市交易和哄抬物价，如16世纪中期的大饥荒，威尼斯的十人会议就明确规定，圣马可广场和里亚尔托市场的面包店，如果是用城

---

① ［法］布罗代尔：《菲利普二世时代的地中海和地中海世界》(第一卷)，第476~477页。

② Marin Sanudo, Laus urbis Venetae: BCV ms. Cicogna 969, ff. 8v-19r, in David Chambers & Brian Pullan(eds.), *Venice, a Documentary History*, 1450—1630, p. 13.

③ Decree of the Provveditori alla Sanità, 12 June 1494 (*Venezia* 1079, p. 366.), in David Chambers & Brian Pullan(eds.), *Venice, a Documentary History*, 1450—1630, p. 107.

市的储备粮制做饼干糕饼，那么每磅的售价必须控制在 3.5 所蒂。① 这样就保证了城市居民能购买到每日所必需的生存食物。

16 世纪，威尼斯的贵族政府通过这一系列的政策与措施，成功地化解了战争和商业衰退对威尼斯经济生活的影响，使威尼斯社会即使在饥荒和瘟疫等天灾影响的时期也没有因饥饿或不满引发的暴动或骚乱。同时，威尼斯的经济也在这一时期从单纯依赖海外贸易转向了商业、工业并举发展的道路。这样一来，一方面克服了新航路开辟对威尼斯传统经济活动的破坏性影响，另一方面也使得威尼斯在 16 世纪避免了经济上的衰落。16 世纪的威尼斯，依然是地中海地区经济繁荣的商业中心。

本章小结

综上所述，在 16 世纪社会危机的背景下，威尼斯的贵族政府首先从自身内部的问题出发，一方面通过发展和完善其政治体制，将权力逐步上移至一个小的贵族核心集团手中，弱化大议会的权力和作用，提高元老院，后来是十人会议的权力和作用，使威尼斯的贵族政治在 16 世纪发展成为名副其实的“寡头政治”。另一方面，通过法律加强对贵族政治德行的约束，限制腐化奢侈的行为作风，重新树立贵族阶层公正自律的理想形象。同时，吸收青年贵族进入政府主要的行政和管理部门进行锻炼，培养他们的政治经验，缓和了这一时期贵族内部青年人与老年人直接的矛盾冲突。并且在这一时期，战争和瘟疫等外部因素也加速了威尼斯贵族统治阶层新老更替的速度。

为了应对这一时期新航路开辟所造成的负面影响以及大西洋沿岸国家的商业竞争，威尼斯贵族政府一方面通过加强对自身贸易行为的保护，控制国内的商业贸易行为，来缓解贸易量减少和商业活

① Cronaca Agostini：BCV ms. Cicogna 2853，ff. 164r-168r，183r，187e-188r，in David Chambers & Brian Pullan (eds.)，*Venice，a Documentary History*，1450—1630，p. 109.

力衰退造成的社会经济发展的困难。另一方面，贵族政府在这一时期还大力扶持手工业、制造业，以及丝织品深加工业发展。威尼斯贵族政府在经济方面的应对与调整，使得其社会经济在 16 世纪东西方贸易中心由地中海向大西洋转移的过程中，并没有出现明显的衰退迹象。尽管它不再是整个欧洲经济贸易的中心，但它仍然是整个地中海经济贸易的区域中心。

第四章

威尼斯贵族政治的管理与控制：社会生活方面

16世纪，威尼斯在战争、瘟疫以及饥荒的影响下产生了一些社会问题，如贫困等。为了维持这个传统社会稳定的社会局面，威尼斯的贵族政府在这一时期采取哪些手段来解决这些社会问题？在解决社会问题的同时，威尼斯的贵族政府又是如何对其整个社会进行管理与控制？效果如何？这些问题将在以下的章节中展开论述。

第一节　16世纪威尼斯的贫困与济贫

史学界普遍认为，16世纪的欧洲经历了一场因资本主义发展和人口增长所引发的贫困危机。各国政府不约而同地采取了各种济贫措施，以缓解贫困问题对社会造成的压力。但是，争论也一直存在，其焦点在于如何认识天主教和新教国家之间济贫方式的不同。① 传统观点认为，近代早期的天主教国家在济贫问题上依然承

① Linda Martz, *Poverty and Welfare in Habsburg Spain: the Example of Toledo*, Cambridge: Cambridge University Press, 1983, p. 1.

袭的是中世纪的慈善观念，主要方式是通过个人“慈善”(charity)进行“无差别”的救济；而新教国家则是将济贫问题作为社会问题来对待，世俗权威的领导和理性化的管理是新教国家在这一时期济贫行为的主要特点。① 社会哲学家马克斯·韦伯(Max Weber)将这两者之间的区别归结于宗教原因，认为新教思想从根本上改变了时人对待贫困和济贫问题的态度，使济贫行为脱离慈善救济，发展成为更具现代意义的“社会政策”(Social policy)。②

不过近年来，随着对近代欧洲贫困和济贫问题研究的深入，上述关于天主教国家济贫方式“陈旧”和“过于宽容”的观点开始受到质疑和挑战。娜塔莉·戴维斯(Natalie Davis)对近代早期法国里昂地区的贫困和宗教异端问题的考察，布莱恩·普兰(Brian Pullan)对16、17世纪威尼斯共和国的济贫和慈善组织的研究，以及琳达·马特兹(Linda Martz)对哈布斯堡王朝统治下的西班牙托雷多地区贫困和福利问题的探讨，开始改变过去人们对天主教国家济贫行为“一潭死水”的印象。③ 虽然研究的国家和地区不同，但他们都指出，欧洲天主教国家在面对近代欧洲过渡时期的贫困问题时，均在不同程度上或主动或被动地进行思想观念和政策上的调整。尽管传统宗教思想对天主教国家的影响还存在，但具体的济贫政策和行动已与新教国家无本质上的区别。

欧洲的贫困和济贫一直是国内史学界感兴趣的问题，但目前的

---

① Ernst Troeltsch, *The social teaching of the Christian churches*, (2 vols.) trans. Olive Wyon, New York: The Macmillan Company, 1931, Vol. I, pp. 133-136.

② Max Weber, *The Protestant Ethic and the Spirit of Capitalism*, trans. Talcott Parsons with a foreword by R. H. Tawney, London: George Allen & Unwin Ltd., 1930, p. 178.

③ Natalie Zemon Davis, "Poor Relief, humanism, and Heresy: the Case of Lyon," *Studies in Medieval and Renaissance History*, Vol. 5 (1968): 215-275; Brian Pullan, *Rich and Poor in Renaissance Venice: the social institutions of a Catholic State, to* 1620, Cambridge: Basil Blackwell, 1971; Linda Martz, *Poverty and Welfare in Habsburg Spain: the Example of Toledo*, Cambridge: Cambridge University Press, 1983.

研究多集中于新教国家，特别是近代济贫体系发展较为充分的英国，① 而对天主教国家的研究几乎是空白。而威尼斯共和国作为近代早期欧洲商业资本主义发达，同时又信奉天主教的国家，它在16世纪“过渡时期”的贫困状况及其应对措施可作为一个个案来进行参考和比较研究，并由此分析在对待贫困问题上天主教国家和新教国家的异同。

一、至16世纪威尼斯的贫困状况

贫困现象在中世纪就已经存在，但在封建经济制度下，农民对土地的占有相对稳定，这在一定程度上缓解了农民的生存困境。而且，当时自给自足的自然经济占支配地位，这也使得中世纪的贫困状况呈现分散性和区域性的特点，表现不明显。此外，中世纪天主教的贫穷崇拜观，不仅将贫穷“神圣化”，更将对穷人的施舍上升到灵魂救赎的高度。因此贫困问题并未引起中世纪欧洲社会的足够重视。

贫困问题在中世纪的威尼斯并不突出。威尼斯是当时欧洲的经济中心，它不仅同欧洲大陆之间进行密切的贸易往来，还发展了与东方拜占庭帝国的海上贸易，特别是奢侈品贸易。发达的商业贸易促进了威尼斯共和国经济的繁荣，同时也吸引了欧洲各个地区的人们来到威尼斯城从事商品交流活动。15世纪末，威尼斯贵族桑努托(Marino Sanuto)在其“威尼斯颂歌”中感叹道：“每个人都在消费，每个人都像贵族一样生活。尽管这座城市不生产任何作物，但它充足的供应任何你想要的货品。这是因为商品的流通量巨大，任何东西都会从每个城市以及世界上的每个角落汇聚到这里，特别是食物。”②布克哈特也将威尼斯誉为“世界的珍宝箱”。③ 因此，中世

---

① 尹虹：《论十七、十八世纪英国政府的济贫问题》，《历史研究》，2003年第3期；向荣：《英国“过渡时期”的贫困问题》，《历史研究》，2004年第4期。

② David Chambers & Brian Pullan (eds.), *Venice: a documentary history, 1450—1630*, p. 13.

③ [瑞士]雅各布·布克哈特：《意大利文艺复兴时期的文化》，第61页。

纪威尼斯社会的贫困状况不是很严重，老弱病残和孤儿寡母是这一时期威尼斯贫困人口的主体。

但是，情况在16世纪发生了变化。经历了中世纪晚期的“封建主义危机”之后，欧洲的庄园制经济瓦解，农民在获得人身自由的同时，也失去了在庄园制经济下对土地的稳固占有权；16世纪农业资本主义经济在欧洲诸国不同程度发展起来，其中英国的“圈地运动”是最为典型的表现形式。中世纪末期“黑死病”造成的欧洲人口减少严重地打击了依赖农业劳动力的封建庄园制经济。农业资本主义经济的发展导致了农民与土地的分离，大量失去土地和生活来源的农民涌向城市。城市人口的增加，虽然一方面为工商业发展提供了充足的劳动力资源，但另一方面，涌入城市和在城市间频繁流动的失地农民也带来了城市的贫困问题。从1500年起，城市人口压力上升，加上粮食歉收和瘟疫频繁爆发的影响，贫困成为欧洲城市面临的严重问题，资本主义经济发展最为充分意大利半岛地区尤其如此。

除了上述普遍性原因之外，威尼斯共和国在这一时期还面临特别的压力。首先，葡萄牙人通过海上探险，开辟了由大西洋经好望角至印度的新航线，这使得在威尼斯经济中占重要地位的国际贸易，特别是与远东的香料贸易受到了严重的威胁：地中海的国际贸易枢纽地位开始动摇，直接影响了威尼斯作为东西方贸易首要中间商的地位。① 其次，海外贸易的萎缩直接打击了威尼斯最主要的工业——造船业在这一时期的发展，商船舰队的建造规模增长缓慢。根据历史学家弗雷德里克·莱恩(Frederic Lane)的统计，威尼斯造船厂大型舰船的生产数量在15世纪50年代末60年代初(1456—1465)平均为24艘，一个世纪后(1558—1559)生产的平均数量仅增长了约58%，为37艘。② 威尼斯造船业的低速发展使得造船工

① Brian Pullan (ed.), *Crisis and Change in the Venetian Economy*, London: Methuen & Co., 1968, p. 2.

② Frederic C. Lane, *Venetian Ships and Shipbuilders of the Renaissance*, Baltimore: The Johns Hopkins Press, 1934, pp. 242-244.

人和相关行业的手工业者面临收入减少，甚至失业的困境。16 世纪 80 年代，造船厂工人的抗议示威运动逐渐增多，他们向政府递交请愿书，反映因收入减少所致的贫困问题。1581 年 12 月，“约有 200 名工人来到总督府门前，敦促总督满足他们的要求。他们使用粗俗和不敬的语言，使得请愿看上去更像是一种抗议”。① 再次，意大利战争，特别是 1508—1516 年威尼斯与“坎布雷联盟”②(the League of Cambrai)之间的战争，直接导致威尼斯共和国自 15 世纪以来向大陆扩张的步伐停止。战争开始之初，“坎布雷联盟”军队的强大实力使威尼斯政府不得不闭城自守。这种做法严重地影响了威尼斯与大陆行省之间的联系。为躲避即将到来的战乱，威尼斯的贵族纷纷舍弃他们在大陆行省中购置的地产庄园，返回城内避难；大陆行省的难民，无论贫富，也大量涌入威尼斯城，造成城内人口压力猛增。③

1527 年前后的大饥荒使得威尼斯的贫困问题日趋尖锐化。国内经济持续衰退，贫困人口大量涌入城内，威尼斯共和国面临的这两种压力也因此被迅速激化。1527 年夏季的暴雨和洪水使几乎整个意大利中部和北部地区粮食歉收，这直接影响了完全依赖大陆进口的威尼斯的粮食供应，随即导致粮食价格大幅上涨：从 1527 年初至 1530 年春，威尼斯从帕多瓦进口的优质小麦价格由最低时的每斯塔奥④(Staio)4 里拉(lire)上涨至政府不得不出面制定的官方

---

① David Chambers & Brian Pullan (eds.), *Venice: a documentary history, 1450—1630*, p. 290.

② “坎布雷联盟”是由路易十二(Louis XII)统治的法国，马克西米连一世(Maximilian I)统治的神圣罗马帝国，“虔诚者”费迪南德二世(Ferdinand II of Aragon ‘the Catholic’)统治的西班牙联合教皇尤利乌斯二世(Julius II)领导的教皇国组成的联盟。联盟的目标是夺取威尼斯的统治权，占领其大陆领土。参见 Catherine B. Avery, *the New Century Italian Renaissance Encyclopedia*, New York: Meredith Co., 1972, pp. 193-194.

③ Frederic C. Lane, *Venice, a Maritime Republic*, p. 244.

④ 斯塔奥(Staio)：威尼斯谷物和货物计量单位。一斯塔奥约合 83 公升或 62 千克。数据参见 David Chambers & Brian Pullan (eds.), *Venice: a documentary history, 1450—1630*, p. 463.

调控价格——每斯塔奥15.5里拉，上涨近三倍。① 与此同时，饥荒和战争导致的贫困难民大量涌入威尼斯，尤其是正处于战争恢复期的威尼斯城更是面临了严重的外来人口压力。威尼斯贵族桑努托(Marino Sanuto)的日记也真实地记录了这一时期威尼斯城所面临的贫困危机："1527年4月30日。城内到处都是外国人，他们有些是暂时来此躲避战乱，有些则选择在此定居……"；② "1527年5月19日。面粉早已成为昂贵的商品……肉铺里也已无肉可售。手工业者(因无活可干)不得不歇业，日常市集亦没有举行，而且战争(1527年5月6日攻陷罗马的帝国军队已逼近威尼斯——笔者注)已经迫在眉睫。""1527年12月16日。每样东西都在涨价，每天夜晚在城内的街道上都有孩子们在哭喊：'面包，面包！我快饿死了，我快冷死了！'"；"1528年2月20日。每次在进行弥撒时都有不下十名穷人在教堂前乞讨救济……夜晚他们甚至沿街挨家乞讨，'快要饿死了！'的呼喊响彻全城的街道。但没有任何的公共措施来处理他们。"③

饥荒、贫困、连绵的战争和大量无家可归的流动人口为瘟疫的快速传播提供了有利的土壤，除了人们所熟知的鼠疫(bubonic plague)之外，还有斑疹伤寒症(typhus)，后者因为常常爆发于饥荒之后，被时人称为"饥荒热病"(famine fevers)。据统计，1456年至1528年，威尼斯共爆发大的瘟疫14次。之后的一个多世纪里，虽然瘟疫爆发的次数开始减少，但死亡率却大大上升：1575年至1577年的瘟疫使威尼斯人口减少了25%，1630年至1631年的大瘟疫更是使死亡率超过了30%。④ 饥荒，以及由此带来的瘟疫对拥挤过度的威尼斯城打击是灾难性的：瘟疫造成的高死亡率非但没能减

---

① Brian Pullan, *Rich and Poor in Renaissance Venice*, p. 241.

② *I Diarii di Marino Sanuto*. XLIV, col. 599; XLVI, col. 380, 612. 转引自 Brian Pullan, *Rich and Poor in Renaissance Venice*, pp. 243-244.

③ Patricia H. Labalme & Laura Sanguineti White (eds.), *Venice, Città Excelentissima: selections from the Renaissance Diaries of Marin Sanudo*, pp. 325-327.

④ David Chambers & Brian Pullan (eds.), *Venice: a documentary history, 1450—1630*, p. 113.

少贫困人口对城市的压力，反而由于劳动力的骤减严重影响了威尼斯工业，特别是造船业的发展；面包等生活物资的高昂价格也完全抑制了其他经济部门的发展，失业人口在这一时期更进一步的激化了社会的贫困问题。威尼斯共和国面临了前所未有的社会动荡。

二、威尼斯的传统济贫方式

作为一个天主教国家，直至15世纪末，威尼斯的济贫方式基本上还是传统的，属于宗教性很强的慈善救济。但与其他天主教国家将教会和修道院作为救济穷人的主要慈善机构不同，威尼斯宗教慈善活动的核心是由平信徒组成的兄弟会(Scuola，confraternity)。

中世纪时期的兄弟会是广大平信徒在天主教会和修道院体系之外，聚集在一起释放宗教虔诚和从事慈善活动的重要途径。长久以来，关于兄弟会组织起源的由来争论较多，不同的起源说从不同的角度解释了兄弟会性质多样化的特点。异教起源说认为，兄弟会是前基督教时期以宴会狂欢为目的的集会组织加上基督教的一些宗教仪式，特别是葬礼仪式所组成的；修道院起源说认为，兄弟会是一群平信徒祈祷者从修道院中独立出来组成的；拜占庭起源说则将兄弟会的慈善救助行为源于拜占庭对旅行朝圣者和老弱病残提供救济和福利这一概念的影响。① 具体到威尼斯的兄弟会，它并非起源于教育机构或组织，② 而是类似于行会组织，由一群具有共同职业和共同虔诚信仰的人所组成，这种用法最早可以追溯至晚期罗马。③

关于西欧兄弟会的起源时间，目前史学界并无明确的定论。有观点认为兄弟会作为一个虔诚的平信徒组织这一思想可以追溯至古

---

① Christopher Black & Pamela Gravestock (eds.), *Early Modern Confraternities in Europe and the Americas: International and Interdisciplinary Perspectives*, Aldershot: Ashgate, 2006, p. 7.

② Scuola在现代意大利语中的含义是学校，学说流派等。但在近代早期威尼斯社会史研究的语境下，Scuola/Scuole一般指代的是兄弟会，并常与grande/grandi，piccolo/piccole等词同时使用，指代威尼斯特有的大兄弟会和小兄弟会。

③ Jonathan Glixon, *Honoring God and the City: Music at the Venetian Confraternities*, 1260—1807, p. 4.

典时期。但传统上认为，兄弟会作为一个明确的组织实体出现，是在中世纪的加洛林王朝时期，并在13世纪的西欧盛行一时，意大利和英格兰地区成为兄弟会发展最为充分的地区。① 威尼斯第一个有文献记载的兄弟会成立于1110年，组织活动的中心位于圣乔治·马齐奥雷区的本笃教堂，该兄弟会的成立是为了纪念圣斯蒂芬的遗骸转运到威尼斯。② 之后直到13世纪初，才陆续出现其他的兄弟会组织，这些兄弟会所供奉的圣人主要是圣母玛利亚和此时的城市守护圣者，圣西奥托雷(St. Theodore)。③

中世纪晚期兄弟会在西欧社会的迅速发展并非偶然。历史学家已经注意到13世纪是意大利地区宗教最为狂热的世纪，而宗教狂热总是与这一时期社会政治动荡和宗教危机相伴随，成为兄弟会迅速兴起并向各地传播的重要原因。④ 意大利地区两种主要类型的兄弟会，“赞颂”兄弟会(Laudesi)和“鞭笞”兄弟会(Battuti, Disciplinati)均是在这一背景下形成。主要流行于意大利中北部地区的“赞颂”兄弟会，它的兴起与发展源于天主教对千禧年(Millennium)狂热的庆祝活动，这股热潮一直持续至16世纪。受13世纪佛罗伦萨托钵僧的启发，“赞颂”兄弟会的主要活动是在公开的宗教游行活动中吟诵宗教赞美诗。他们认为这种“赞颂”行为可以荡涤灵魂在炼狱中的罪恶。“赞颂”兄弟会除了招收成年男子

① Jonathan Glixon, *Honoring God and the City: Music at the Venetian Confraternities*, 1260-1807, p. 3; Christopher Black & Pamela Gravestock (eds.), *Early Modern Confraternities in Europe and the Americas: International and Interdisciplinary Perspectives*, p. 7.

② Gilles Gerard Meersseman, *Ordo fraternitatis: Confraternite e pietà dei laici nel Medioevo*, Vol. 1., pp. 90-94.

③ 威尼斯在其城市发展的早期接受拜占庭帝国的政治管辖，因圣西奥托雷为拜占庭帝国的守护圣者，因此威尼斯在宗教上也接受圣西奥多为其守护圣者。后随着威尼斯的国家实力和地位的不断提升，它开始尝试摆脱拜占庭帝国名义上的控制与影响，弱化和降低圣西奥托雷的地位，提高和强化圣马可作为城市首席守护圣人的地位和形象。

④ Lauro Martines, *Power and Imagination: City-States in Renaissance Italy*, Baltimore: The Johns Hopkins University Press, 1988, p. 87.

成员之外，也吸引了妇女和青年人加入。特别是在佛罗伦萨，“赞颂”兄弟会成为教育、陶冶和帮助青年人接受外来文化的重要力量。①

与这股狂欢的热潮形成鲜明对比的是，这一时期城市内部政治争斗所引发的社会动荡和黑死病的爆发给意大利地区的天主教徒带来了前所未有的恐慌感，一股对末世审判预言即将实现，世界即将因一场大灾难而终结的悲观情绪在这一时期迅速蔓延。广大普通的平信徒一方面希望通过共同参与宗教仪式来实行自我救赎，另一方面更是为了释放这种悲观的紧张情绪，选择通过公开的自我鞭笞游行活动展示上帝对人类的惩罚，以及通过承受鞭笞肉体所带来的痛苦展示灵魂救赎的虔诚之心。1260 年春，鞭笞游行运动首先在意大利的佩鲁贾地区出现，随后迅速向整个意大利地区蔓延。1260 年 11 月 10 日，鞭笞游行运动抵达离威尼斯本岛不足 30 英里的帕多瓦地区。一位不知名的年代记作者记载道：“这次游行从清晨一直持续到深夜，上至贵族下至平民，无论老幼，甚至不足五岁的孩子也参与其中……他们两两成行，穿城而过，手里拿着一根鞭子不断地抽打自己的肩头直至鲜血迸出，呻吟和恸哭的尖叫此起彼伏。”②虽然目前并没有切实可信的文献材料证明这场席卷整个意大利地区的鞭笞游行运动在威尼斯城内上演，但可以肯定的是，1260 年 12 月，威尼斯最早的“鞭笞”兄弟会——圣母玛利亚博爱兄弟会(Scuola di Santa Maria della Carità)的成立是威尼斯平信徒对这场鞭笞运动的正面回应。在随后的几个月里，圣马可兄弟会(Scuola di

---

① Lorenzo Polizzotto, *Children of the Promise*: *The Confraternity of the Purification and the Socialization of Youths in Florence*, 1427—1785, Oxford: Oxford University Press, 2004, p. 94. 关于佛罗伦萨的青年人和“赞颂”兄弟会的研究，还可参见：Konrad Eisenbichler, *The Boys of the Archangel Raphael*: *A Youth Confraternity in Florence*, 1411—1785, Toronto: University of Toronto Press, 1998.

② John Henderson, “The Flagellant Movement and Flagellant Confraternities in Central Italy, 1260—1400”, in Derek Baker (ed.), *Religious Motivation*: *Biographical and Sociological Problems for the Church Historian*, Oxford: Basil Blackwell, 1978, p. 150.

San Marco）和圣乔瓦尼福音兄弟会（Scuola di San Giovanni Evangelista）相继成立。这三家"鞭笞"兄弟会也成为威尼斯最早的大兄弟会。这场鞭笞运动的余韵在威尼斯一直持续到15世纪，在这一时期，圣母玛利亚圣器兄弟会（Scuola di Santa Maria della Misericordia，1308年）和圣洛可兄弟会（Scuola di San Rocco，1480年）相继成立，成为威尼斯最重要的五个大兄弟会（16世纪初增至六个）。① 在这之后实际的鞭笞行为渐渐销声匿迹，但鞭笞游行作为一种公开的宗教仪式，一直在威尼斯重要的宗教节庆活动中上演。②

中世纪晚期至近代早期，除了上述六大兄弟会之外，威尼斯还成立了相当一批小兄弟会。这些小兄弟会最初脱胎于行会（Arte）组织，由行会中的平信徒成员组成相应的兄弟会，在所选择的守护圣者的宗教护佑下，进行日常的宗教仪式活动，并对本兄弟会成员中的老弱病贫逝者提供救助和宗教服务。③ 但由于小兄弟会始终处在分裂、合并、消亡、转换崇拜圣者的动态发展之中，因此它的数量无法进行精确地计量。从13世纪兄弟会兴起开始直至18世纪末威尼斯共和国灭亡，威尼斯大约存在过450个小兄弟会，其中约有100—200个小兄弟会活跃于中世纪晚期近代早期的威尼斯社会。④

这里值得注意的一点是，威尼斯大小兄弟会的划分并非简单依

---

① 1552年，"十人会议"通过决议给予圣忒奥多洛兄弟会（Scuola di San Teodoro，成立于1258年）"大兄弟会"地位。此后威尼斯共有六"大兄弟会"。详见 Archivio di Stato，Venice，*Consiglio dei Dieci*，*Parti Comuni*，*fliza* 56，*fascicolo* 28. 转引自 Brian Pullan，*Rich and Poor in Renaissance Venice*，p. 34.

② Patricia H. Labalme & Laura Sanguineti White（eds.），*Venice，Cità Excelentissima*：*Selections from the Renaissance Diaries of Marin Sanudo*，Baltimore：The Johns Hopkins University Press，2008，p. 315.

③ Brian Pullan，*Rich and Poor in Renaissance Venice*，p. 33.

④ 数据与分析参见：Richard Mackenney，"The *Scuole Piccole* of Venice：Formations and Transformations"，in Nicholas Terpstra（ed.），*The Politics of Ritual Kinship*：*Confraternities and Social Order in Early Modern Italy*，Cambridge：Cambridge University Press，1999，pp. 176-177；Brian Pullan，*Rich and Poor in Renaissance Venice*，p. 34.

据其成员数量和规模的大小。尽管一般而言，大兄弟会的成员约为500—600人,① 小兄弟会的成员数量虽没有明确规定，但一般在60—70人之间，但也有少至20人左右的小兄弟会(1288年，圣使徒兄弟会的登记会员人数为21人)和多至800人的小兄弟会(圣奥索拉兄弟会)。② 这两种兄弟会更重要的区别在于它们在威尼斯社会政治和宗教文化生活中所发挥的不同作用。大兄弟会的成员基数大，社会阶层、职业和区域的覆盖面更为广泛，从贵族阶层到市民阶层，到普通的平民阶层均可以加入大兄弟会。如13世纪圣母玛利亚博爱兄弟会的章程就显示其975名成员来自当时威尼斯150多种不同的行业。③ 而小兄弟会则与某一特定职业行会之间联系紧密，成员之间除开宗教认同感之外，职业乃至地缘关系的认同感相较于大兄弟会而言更为强烈，这一点使其能够更好地发挥成员内部扶助共济的社会职能。

从上述分析可以看出，兴起于动荡与危机之中的威尼斯兄弟会，虽然它们的规模大小不一，但它们共同的特点是为那些逐步摆脱中世纪封建依附关系，进入城市的新兴市民阶层提供了一个能够替代他们原来所依附的亲缘、地缘和宗教上的归属感(一般是出生和生活的教区)的共同体组织。这种共同体组织即当时兴起于西欧城市的行会和兄弟会组织，它们通过共同的职业或共同的宗教信仰崇拜将这群城市的新兴群体联系在一起，组成新的社会关系纽带，缓解了他们由于离乡背井而造成社会生活和精神生活中的不信任和

---

① 贵族政府中负责监管大兄弟会的十人会议从14世纪开始对其成员人数有明确规定。圣母玛利亚圣器兄弟会的成员人数上限为500人，圣马可兄弟会为600人，圣乔瓦尼福音兄弟会人数上限为550人。William B. Wurthmann, "The Council of Ten and the Scuole Grandi in Early Renaissance Venice", *Studi Veneziani*, No. 18, 1989, pp. 24-25.

② 数据来源：Richard Mackenney, "Devotional Confraternities in Renaissance Venice", p. 89; Jonathan Glixon, *Honoring God and the City: Music at the Venetian Confraternities*, 1260-1807, p. 196.

③ Jonathan Glixon, *Honoring God and the City: Music at the Venetian Confraternities*, 1260-1807, p. 15.

不安全感，也使其自身成为城市社会生活和宗教生活中一股不可忽视的基层社会力量。①

威尼斯的兄弟会在发展之初，其主要的收入来源是会员缴纳的入会费、参加宗教活动时的慈善捐助以及去世成员捐赠的遗产。兄弟会成员主要由居于社会第二等级的"非贵族市民"(*cittadino*，*civis popularis*)和第三等级的手工业劳动者(*artigiani*，craftsmen)组成，16世纪，随着兄弟会势力的不断壮大，有些贵族(patricians)成员也加入其中。② 因此，威尼斯的兄弟会有着广泛的社会基础，这为它在城市公共生活中发挥重要作用提供了可能。

另外有一点值得注意的是，威尼斯的兄弟会虽然是以宗教的名义形成的团体，但从其诞生之初，它就保持了完全由世俗民众组织管理，限制教会人员参与的特点。各兄弟会在其协会章程中明文规定教会人员的比例不能超过总成员数的5%—6%。③ 除此之外，威尼斯的兄弟会还不受教会和大主教任何形式的控制与监督，兄弟会的最高监督和领导是威尼斯政府中"十人会议"。

除兄弟会之外，16世纪之前，医院(l'ospedale)在威尼斯也有所发展。中世纪欧洲的医院是由教会创办的，最初并非专门收治患病的穷人，而是对所有的穷人开放(包括流民)，类似于救济院(almshouse)，后来才越来越多地具有医疗的功能。同欧洲其他国家和地区相比，中世纪威尼斯的医院在规模上不大，数量不多，但特点很明显，即专业化。其中有专门收治朝圣者的医院以及专门治

---

① William B. Wurthmann, "The Council of Ten and the Scuole Grandi in Early Renaissance Venice", p. 18.

② 文艺复兴时期威尼斯的社会等级呈现出明显的金字塔结构：约占总人口4%—4.5%的贵族(patricians)是共和国的统治阶层，贵族阶层实行世袭制并相对封闭；约占总人口5%—8%的"非贵族市民"(*cittadino*，cives populares)拥有一定的社会和经济等市民特权，虽然非贵族出生但并不直接参与手工劳动；约占总人口76%—79%的手工业者(*artigiani*)和小店主构成了社会的第三等级。参见 David Chambers & Brian Pullan (eds.), *Venice: a documentary history*, 1450—1630, pp. 241, 261, 280.

③ Brian Pullan, *Rich and Poor in Renaissance Venice*, p. 43.

疗麻风病的医院，15世纪时还修建了专门收留寡妇和被迫沦为娼妓的妇女的医院。威尼斯政府还鼓励城市的各种慈善团体参与医院的创办。除了附属于各堂区以及修道院的救济医院之外，大的兄弟会也有对会员开放的医院，甚至如面包师、裁缝和纺丝工人的行会(Arte)都也拥有自己的行业医院。① 不过威尼斯政府出于对教会尤其是教皇国通过宗教慈善行为干涉共和国社会管理的担心，对15世纪由方济各教士(Observant Franciscan)发起的建立新型慈善组织——慈善救济院(The General Hospital)的运动并不像米兰以及其他内陆城市一样热心。② 除了于1346年由方济各修士阿西西的皮特洛(Franciscan，Friar Pietro of Assisi)建立的保育院(Pietà)是这一时期威尼斯规模较大的以救助和抚育孤儿、弃儿为主的医院之外，其他的医院规模都不大。③

文艺复兴时期，行会(Arte)在威尼斯的发展并不像意大利其他国家，如佛罗伦萨一般充分，成为一个集经济控制和社会管理于一体的组织。由于威尼斯的普通手工业者在作为某一职业行会的成员同时也会选择加入某一兄弟会，因此兄弟会在很大程度上取代了行会为劳动者提供安全和保障的职能。④ 而在这一时期威尼斯社会的实际生活中，“行会”与“兄弟会”这两个术语也是时常交互使用的。⑤

综上所述，到15世纪末，威尼斯已经存在为数不少的宗教和民间慈善济贫机构，这些机构在一定程度上缓解了威尼斯的贫困问题，但它们在济贫方式和手段上还是受传统宗教思想的影响，存在一些不可避免的弊端。如：救济行为还是主要从“施济者”的角度出发，救济行为的无差别性虽然一方面体现了“上帝平等的爱”，但另一方面也容易助长“受助者”习惯性的依赖；兄弟会的救济面

---

① Brian Pullan, *Rich and Poor in Renaissance Venice*, p. 208.

② Brian Pullan, *Rich and Poor in Renaissance Venice*, pp. 202-206.

③ Brian Pullan, *Rich and Poor in Renaissance Venice*, p. 207.

④ Brian Pullan, *Rich and Poor in Renaissance Venice*, p. 98.

⑤ David Chambers & Brian Pullan (eds.), *Venice: a documentary history, 1450—1630*, p. 280.

不广，兄弟会只救助兄弟会内部的成员，而加入兄弟会又有必须是威尼斯常住居民的要求，这使得它无力解决非威尼斯市民和流动人口的贫困问题，同时很多无法缴纳会费的贫困市民也无法享受救助；① 此外，兄弟会的收入来源也没有保证，仅仅依靠会费收入和行善者不定期的捐助无法保障济贫活动的持续性和有效性；医院的建设和运行也具有临时性的特点，在瘟疫时期修建的医院无法在平时更好地提供医疗救助。威尼斯济贫活动的宗教色彩和民间性质说明威尼斯 16 世纪之前的济贫还是“中世纪”的，这种有限规模的济贫行为既不能彻底地解决贫困问题，更难以应对严重的贫困危机。因此，当 16 世纪因多方因素导致贫困问题日趋严重之时，威尼斯近代意义上的社会济贫体制才开始慢慢形成。

三、16 世纪威尼斯的济贫改革

一般意义上认为，对济贫问题进行立法管理是近代政府济贫建立的标志，威尼斯共和国也不例外。16 世纪初，在日益严重的贫困危机面前，威尼斯共和国政府也通过一系列的行政立法介入贫困问题的应对之中。

事实上，15 世纪末期在威尼斯频繁爆发的瘟疫已经使威尼斯政府开始意识到组建专门的机构来控制人口流动，避免疫情传播的必要性。1486 年，威尼斯共和国成立了一个专门的委员会负责共和国的公共健康和卫生管理，并制定了防治瘟疫以及控制和管理乞讨、流浪和卖淫等相关事务的规章条例。② 组成该委员会的三名卫生官员（Provveditori alla Sanità）由元老院（the Senate）直接任命，任期一年。政府将垄断盐业的收入作为该委员会开展防疫和维护公共

---

① Letter of Battista Sfondrato, Milanese ambassador in Venice, to Ludovico Sforza, Duke of Milan, 23 March 1497: Archivio di Stato Milan, Archivio ducale Visconteo-Sforzesco, Carteggio, Potenze Estere, Venezia, cart. 1062, ff. 89-92, inDavid Chambers & Brian Pullan(eds.), *Venice: a documentary history*, 1450—1630, p. 302.

② David Chambers & Brian Pullan (eds.), *Venice: a documentary history*, 1450—1630, p. 462.

健康活动的资金。① 不过，这个委员会的职责在成立之初只局限于法律条例的制定，控制流动人口对城市公共卫生安全的威胁以及打击欺骗性行乞，并不是专职的政府济贫机构。

此时，威尼斯的贫困问题也已经严重到完全超出了兄弟会和其他宗教慈善团体的常规济贫手段所能解决的范围。意大利其他国家在这一时期的社会和政局的动荡，以及威尼斯国内濒临失控的局面使共和国的统治阶层意识到贫困问题可能导致的严重后果。因此他们开始着手介入济贫活动，将社会济贫纳入政府的领导和管理之下。

威尼斯政府济贫工作的第一步是出台应急济贫法规，控制流民的涌入和救助贫病的民众，防止瘟疫的进一步扩散。1528 年 3 月 13 日，总督顾问(the Ducal Counselor)阿尔维斯·蒙切尼奥(Alvise Mocenigo)，“四十人法庭”(the *Quarantia*)首领乔瓦尼·埃米廉尼(Giovanni Francesco Emiliani)联合卫生委员会官员商讨打击流民，控制疫情的具体措施。这项应急措施包括：

1. 在城市周围建立两三个或更多的临时避难所，为贫困的难民提供庇护；

2. 严厉禁止和打击沿街乞讨的行为，如有违犯者，将被逮捕、严惩并驱逐出威尼斯城；各码头的船夫也有义务警告所有进城的人不要沦为乞丐；

3. 贫病的威尼斯居民必须进入医院治疗，但流民无权享受这项慈善服务。

这项应急措施的突出特点是打击乞丐和“歧视”流民。之所以如此，一方面是由于饥荒和瘟疫的巨大压力使得“无差别”救济难以为继；另一方面，共和国政府为了有效地革除传统济贫的弊端以求更好地解决国内贫困危机，达到御危机于国外的目的，开始抛弃“无差别”的慈善救济，加强对社会济贫活动的控制。

为此，威尼斯政府首先加强了对各医院，特别是各堂区医院的

---

① Archivio di Stato, Venice, *Provveditori alla Sanità*, *Notatorio I*, Vol. 725. 转引自 Brian Pullan, *Rich and Poor in Renaissance Venice*, pp. 219-220.

控制。政府向城内所有居民征收起房产或房租价格的2.5%作为"济贫税"，并将这项税收收入作为医院正常运行的开支。同时，为了保证"济贫税"征收的公平和公开，政府将威尼斯城的70个堂区①作为基本的征收单位，各堂区推选两名世俗代表与堂区牧师一起共同负责此项税款的征收工作。各堂区的"济贫税"税款由政府的卫生委员会官员一起统一汇总并按救助的需要分拨给各医院。拒不缴税或逃税的居民，卫生委员会会将其姓名记录下来，并在逢宗教节日进行全城弥撒仪式时向公众宣读。这种公开的对个人名誉的羞辱使威尼斯的居民基本不敢拒缴"济贫税"。② 除了政府的这些具体措施之外，威尼斯政府还规定这些新的济贫举措不能影响兄弟会和各堂区对其辖区内的"定居穷人"(house-poor)和"羞于启齿的穷人"③(poveri vergognosi, shamefaced poor)的传统慈善救济。

1528年3月13日出台的这项应急济贫法规是威尼斯政府第一次主动介入贫困问题的应对和处理。在该法规的推动下，威尼斯的医院发展迅速。不仅传统的小型医院得到了稳定的资金支持，在这一时期威尼斯更开始向其他意大利国家学习，在政府的推动下由教会开办大型的医院。自1528年4月起，威尼斯在卡斯特洛区④(*Castello*)和多索杜洛区(*Dorsoduro*)的圭得卡岛(*Giudecca*)上兴建

---

① Elisabeth Crouzet-Pavan, *Venice Triumphant: the Horizons of a Myth*, trans. Lydia G. Cochrane, Baltimore & London: The Johns Hopkins University Press, 2002, p. 202.

② Brian Pullan, *Rich and Poor in Renaissance Venice*, p. 247.

③ "羞于启齿的穷人"是指那些因突发事件而陷入贫困的人和他们的家庭。他们或面临因没钱付房租而被驱逐的威胁，或要面对无法为适婚年龄的女儿筹集必需嫁妆的尴尬。这些"羞于启齿的穷人"并非是赤贫的社会底层民众，从落魄的贵族、破产的小店主到失业的手工业工人和他们的遗孀及孩子都可能成为这样的"穷人"。他们羞于公开乞讨，多愿意通过请愿书的方式向"兄弟会"等宗教慈善组织寻求救助。更多关于"羞于启齿的穷人"参见David Chambers & Brian Pullan (eds.), *Venice: a documentary history*, 1450—1630, pp. 316-321.

④ 整个威尼斯城由六个大区(*Sestieri*)构成：圣马可区(*San Marco*)，圣保罗区(*San Polo*)，圣科洛切区(*Santa Croce*)，卡斯特洛区(*Castello*)，卡纳勒乔区(*Cannaregio*)和多索杜洛区(*Dorsoduro*)。

了四座大型医院，它们分别是圣乔瓦尼—圣保罗医院(SS. Giovanni e Paolo)、布拉格拉的圣乔瓦尼医院(San Giovanni in Bragora)、圣安东尼奥医院(Sant' Antonio)和多纳宫医院(Ca' Donà)。① 政府虽然希望由此能减少城内的乞讨者，但由于医院在创办之初仍采取传统的无差别政策，一方面导致收留的贫民迅速超过医院的规模，另一方面也使瘟疫在医院的封闭环境内更快速地传播。大量的穷人在医院死亡，使得更多的穷人宁愿冒着被驱逐出城的威胁仍选择在城内流荡，临街乞讨。这使得政府不得不在1528年4月18日出台补充条例，禁止医院收留健康的穷人，同时不再收治非威尼斯的流浪难民。②

威尼斯政府在这一时期开始在济贫中实行区别对待的政策，还有一个重要的原因是政府将流民和乞丐视为引起社会动荡的不稳定因素。他们认为流民和乞丐是导致瘟疫在城内快速传播的原因之一，同时贫困也容易使他们产生对社会的不满。事实上，威尼斯的卫生委员会不得不通过法律手段来保护圣乔瓦尼—圣保罗医院(SS. Giovanni e Paolo)及其医护人员不受贫困暴民的袭击。③ 因此1528年的济贫法也是政府首次用法律手段打击和消灭行乞和流浪汉现象的尝试。尽管这部出台于危机时期的应急法令无法解决所有的贫困问题，但它建立的两条原则——政府可以通过征税的方式在困难时期集合人力、物力来共同帮助穷人；政府在危机时期的济贫政策要体现区别性：病人优先于健康人，本国人优先于外国人——为后来更为完善的济贫法所继承。

1528年的应急济贫法令的出台和随后秋季的粮食丰收在很大程度上缓解了饥荒对城市粮食供应的压力，但爆发于1528年夏季的大瘟疫始终未能使威尼斯摆脱疾病和贫困的威胁。为了使更多受

① *I Diarii di Marino Sanuto*. XLVII, col. 178. 转引自 Brian Pullan, *Rich and Poor in Renaissance Venice*, p. 248.

② *I Diarii di Marino Sanuto*. XLVII, col. 252. 转引自 Brian Pullan, *Rich and Poor in Renaissance Venice*, p. 248.

③ Archivio di Stato, Venice, *Provveditori alla Sanità*, *Notatorio II*, Vol. 726, f. 132v. 转引自 Brian Pullan, *Rich and Poor in Renaissance Venice*, p. 248.

瘟疫威胁的贫苦市民能享受到政府和社会的救济，同时将济贫问题有效地纳入政府行政管理之中，威尼斯的贵族统治者们在1528年紧急法令的基础上，在1529年4月3日制定了更为完善和具体的济贫法。

该济贫法的立法原则既在于宣扬上帝的慈善精神，① 更在于维护社会的秩序与稳定，因此威尼斯政府针对不同的贫困者采取了不同的救助手段：

1. 对外来的行乞者："必须连同一封劝诫当地政府官员保证对其提供帮助的公函一起被遣返至其故地，并不允许他们再返回威尼斯"；

2. 对身强力壮却执意从事欺骗性行乞（furfantaria）并不听劝阻者："必须被安排到各舰船的甲板上做水手，并且各船主只能给他们支付一半的薪水。海事官员（the Provveditori sopra l'Armar）和各舰船的船主要注意不要将这些人安排到重要的舰船上，并且各舰船上的贫民人数也要控制在合理的范围"；

3. 对有固定居所的贫弱者："不能向国家寻求救济，但所在堂区的牧师必须保证为其提供救助"；

4. 对患病或身体残疾的贫弱者："必须寻求医院或其他更好的慈善组织的救助。该措施适用于所有此类贫弱者，无论性别和年龄"；

5. 对那些无法安排从事海上作业的穷人："首先必须防止他们去行乞，其次各区行政官员（gastaldi）以及各兄弟会和各行会的负责人要负责救助这些穷人。按每行业3—4名的比例，对他们进行贸易和技术的职业培训，并提供相应的工具和报酬"；

6. 对寡妇和带小孩的妇女，如果他们愿意从事力所能及的劳动来养活自己和家庭时："各堂区的牧师和民众代表必须保证为其

---

① 该法令以奉上帝仁慈的圣经教义为开篇，阐明立法缘由。详见 Senate decree of 3 April 1529：Archivio di Stato，Venice，Senato，Terra，reg. for 1529，ff. 125v-127r.（Documenti，1879，p. cccxiii），in David Chambers & Brian Pullan (eds.)，*Venice：a documentary history*，1450—1630，p. 303.

提供从事劳动所需的材料；如果她们还是无法靠此生活的话，她们必须得到额外所需的救济金。该条款也适用于那些走投无路，不得不靠行乞或让他人为其行乞的妇女”；

7.“所有的穷人必须尽自己最大的能力，用劳动养活自己和家庭。如果有劳动能力却不愿从事适当工作的穷人，将被永远驱逐出威尼斯”。① 1529 年出台的这一济贫法令不仅继续贯彻了 1528 年应急法规中“歧视”流民和乞丐的做法，针对不同的情况和贫困人群开展区别性的救济，更进一步的细化了这种有差别的济贫措施。这是一种更为理性和世俗化的济贫原则，反映了威尼斯这一时期的济贫开始从无差别施济的宗教慈善转为有针对性的社会救助。

为保证上述济贫政策的有效实施，威尼斯政府还指定专人负责监督和执行工作。政府的卫生委员会官员和大主教(the reverend Monsignor Patriarch)负责监督所有堂区的慈善和济贫工作。各堂区牧师联合该堂区推选的两名世俗代表具体负责将堂区内权贵们(potenti)捐助的救济金和救济物品以按需分配的原则救助上述居住在该堂区的穷人。除此之外，政府在这一时期继续开征“济贫税”，税率调低至个人房产或房租价格的 0. 8%，并在济贫法中明确规定各堂区的“济贫税”收入只能用于针对该堂区贫困居民的济贫活动。②

威尼斯 1529 年的济贫法将堂区作为社会济贫的基本单位，威尼斯六个行政大区(Sestieri)内的 59 个堂区成为 16 世纪威尼斯济贫的最基层组织。为避免出现堂区间因贫困人数多寡而产生的贫富悬殊，济贫法还规定“各堂区要从自身财政收入条件出发，接受相应数量的贫困人口”。同时为便于各堂区更有效的掌握该区内的贫困人口状况，济贫法还规定“没有所在堂区牧师的书面证明，所有贫

---

① 以上法律条文引自 Senate decree of 3 April 1529：Archivio di Stato, Venice, Senato, Terra, reg. for 1529, ff. 125v-127r.（Documenti, 1879, p. cccxiii), in David Chambers & Brian Pullan (eds.), *Venice: a documentary history*, 1450—1630, pp. 303-306.

② Brian Pullan, *Rich and Poor in Renaissance Venice*, p. 251.

民不得擅自由一堂区迁至另一堂区”。①

除了堂区之外，政府在济贫法中还积极鼓励各宗教救济院(religious houses)、医院、兄弟会以及教会的高级神职人员等宗教慈善组织和个人协助政府的济贫工作。政府的卫生委员会官员负责监督他们的济贫活动。同时，各堂区的牧师和两名世俗民众代表也有权监督和检查该堂区内的“小兄弟会”(*Scuole Piccoli*)和其他小的宗教慈善组织的收支管理情况，确保他们将行善者捐款的收入都有效的用于救济该堂区的穷人。

济贫法的颁布实施和政府对济贫工作的有力支持有效的抑制了威尼斯日趋恶化的疫情和贫困状况。根据威尼斯城在1528年和1529年相同月份死亡人口的不完全统计(如表4-1所示)：

表4-1 **16世纪大瘟疫时期人口死亡不完全统计表**②

	三月	四月	五月
1528年	666	1041	1439
1529年		900—950	

上述数据反映了威尼斯城的死亡人口在1529年济贫法实施后下降了近1.5倍。排除因1528年是瘟疫和饥荒的高发期，死亡人数可能是同时期的最高值等客观因素的影响，1529年济贫法令的颁布和实施还是在一定程度上缓解了威尼斯的贫困危机。

1529年的济贫法是威尼斯近代“世俗化”济贫活动的开端。它不仅为威尼斯在16世纪的济贫行为提供了一套法律框架，还将共和国政府对贫困人群的划分标准以及从事济贫活动的方式都以法律的形式确定下来。尤其重要的是，威尼斯政府在这一时期通过引入劳动救助的方法，严厉惩罚欺骗性行乞和不愿劳动的穷

---

① Senate decree of 3 April 1529：Archivio di Stato，Venice，Senato，Terra，reg. for 1529，ff. 125v-127r.（Documenti，1879，p. cccxiii），in David Chambers & Brian Pullan(eds.)，*Venice*：*a documentary history*，1450—1630，p. 306.

② 数据来源：Brian Pullan，*Rich and Poor in Renaissance Venice*，p. 249.

人。这种政策将威尼斯在16世纪的社会济贫与传统的宗教慈善施济区分开来。

四、威尼斯贵族政治对济贫组织的控制与管理

威尼斯政府尝试通过这套济贫法建立一套联合社会慈善组织，特别是兄弟会和医院的"自主式"社会救助体系。该济贫法也反映了威尼斯的贵族政府在这一时期并不试图建立一套"一揽子"管理机构，将社会济贫活动全部纳入政府的直接管理。相反，它允许兄弟会和医院等慈善组织独立进行社会救济活动。政府主要起宏观控制和监督各济贫组织管理层的作用，并时常提醒它们对穷人和济贫工作的责任。

16世纪济贫政策在威尼斯的成功实施离不开政府的强力推行，同时也离不开各社会慈善组织的合作。威尼斯最有影响的宗教慈善组织兄弟会，在1500年以后发展成为威尼斯最重要的社会慈善团体。其中前文论及的六家规模最大、成员最多的大兄弟会(图4-1)在威尼斯政府的支持和控制下，成为16世纪威尼斯社会济贫的主要力量。

"大兄弟会"成为威尼斯政府最强有力的济贫支持者并不是偶然的，一方面，其人员来自社会不同的阶层，影响面大。15世纪末米兰驻威尼斯共和国的大使在致米兰公爵的信中谈道："这五大兄弟会各拥有700名会员，大部分为'非贵族'市民(popolari)、手工业者和船夫，也有贵族成员，但他们在兄弟会中并不能享受什么特权。"①另一方面，各"大兄弟会"均在这一时期通过收缴会费保

---

① Letter of Battista Sfondrato, Milanese ambassador in Venice, to Ludovico Sforza, Duke of Milan, 23 March 1497: Archivio di Stato Milan, Archivio ducale Visconteo-Sforzesco, Carteggio, Potenze Estere, Venezia, cart. 1062, ff. 89-72, in David Chambers & Brian Pullan (eds.), *Venice: a documentary history*, 1450—1630, p. 300.

图 4-1 赐予圣乔瓦尼福音兄弟会十字架圣遗
（油画，作者拉扎洛·巴斯提安尼，约 1494 年，威尼斯学院艺术馆藏）

证了一笔固定的收入，“其中博爱兄弟会的收入最高，约 4000 杜卡特①(ducats)；其次是圣器兄弟会，约 3000 杜卡特的收入；福音兄弟会约有 2000 杜卡特的收入，圣马可兄弟会仅收入 800 多杜卡特，而圣洛可到目前还没有任何收入”。② 这两点保证了“大兄弟会”能在威尼斯的社会济贫体制内有效地发挥作用。

① “杜卡特”(ducat)：文艺复兴时期威尼斯共和国流通银币。一“杜卡特”合 6 里拉(*lire*)4 所迪(*soldi*)。参见 David Chambers & Brian Pullan(eds.), *Venice: a documentary history*, 1450—1630, p. 461.

② David Chambers & Brian Pullan (eds.), *Venice: a documentary history*, 1450—1630, p. 300.

同时，为了更好地控制和监督“大兄弟会”的慈善济贫活动，使其彻底摆脱教会的控制和干预，威尼斯政府在16世纪初除了继续加强“十人会议”的监督作用之外，还通过立法和行政手段在各“大兄弟会”建立起一套“类政府”的管理体制。① 通过对“大兄弟会”管理体制的改革，威尼斯政府不仅完全控制了这一慈善团体，还促成了其向社会济贫机构的转型，职能也从最初单纯的宗教慈善救济发展到多重的社会职能。② 但它在这一时期始终是共和国最有效也是最普及的社会济贫组织。据统计，到1563年，威尼斯的六“大兄弟会”共有会员5500人，这约占威尼斯总人口数(170000)的3.3%，占威尼斯成年男性人口(56000)的10%。③ 考虑到这些“大兄弟会”的济贫行为不仅涉及其成员，还惠及其家庭，那么这个比例还可以更高。

除了“大兄弟会”之外，医院在这一时期也得到了进一步的发展。专业化的特点更加明显，规模和数量也有所扩大，为威尼斯的公共卫生，特别是穷人的健康作出了重要贡献。各类医院各司其职，针对不同的人群提供不同的医疗救助服务，如圣乔瓦尼—圣保罗医院专门负责收治孤儿、发热和癣菌病(*tegna*)的贫病患者；“绝症”医院(the Incurabili)专门负责收治患了绝症或性病的贫困患者；保育院(the Pietà)则专门负责收养弃婴和被遗弃的孩子。④

随后的三四十年间，威尼斯民间的私人和宗教团体发起的慈善组织也迅速地发展起来，成为威尼斯社会济贫的中坚力量。并且在它们的影响下，还将这套济贫体系成功地推广至威尼斯共和国的大陆各省。至1537年，威尼斯的各大陆省份均建立起自己的兄弟会

---

① 更多关于“兄弟会”“类政府”的管理体制和机构，参见 Brian Pullan, *Rich and Poor in Renaissance Venice*, pp. 64-70.

② 关于“大兄弟会”的其他职能，参见 Brian Pullan, *Rich and Poor in Renaissance Venice*, Chapter 1.

③ 数据来源参见 Brian Pullan, *Rich and Poor in Renaissance Venice*, p. 94.

④ The instructions to the 'Governors of the Poor' in the printed statutes of the hospital of the Mendicanti: *Capitoli* 1691, pp. 48-49, in David Chambers & Brian Pullan (eds.), *Venice: a documentary history*, 1450—1630, pp. 314-315.

等济贫组织对本地的贫困居民开展救助活动。共和国的中央政府只在立法和济贫政策上对各大陆省份进行宏观的监督和控制，具体的济贫活动由各省自行负责。①

在济贫法的支持和规范下，威尼斯共和国在16世纪形成了一套覆盖社会大多数居民的济贫体系。各堂区作为基层的济贫单位，负责管理和控制各堂区贫困人口，它们是威尼斯社会济贫最基本的环节：了解和控制贫困人口的数量，对贫困人口进行定期的救助，防止乞讨现象的出现以及监控疫情的发生。“大兄弟会”作为最重要的社会济贫组织，通过宗教和社会手段使贫困的成员得到经济上的救助和生活上的关心。医院和其他慈善团体也在济贫法令的指导下发展成更具针对性和区域性的济贫组织，有效地实现了威尼斯的济贫体系纵深化发展。政府除了对这些社会济贫组织的控制和监督之外，仍通过法律和行政等手段打击乞讨与流民现象。这种政府领导、社会各济贫组织层层参与负责的做法保证了威尼斯社会济贫体系的有序发展。使威尼斯政府不仅克服了16世纪的贫困危机，更推动了其社会济贫体系向世俗化发展的近代转型。

综上所述，在16世纪日益加剧的贫困危机面前，天主教的威尼斯共和国也采取了类似新教国家的济贫政策。威尼斯的经验表明，在推动近代早期欧洲济贫活动世俗化的诸因素中，最重要的因素是社会环境，而不是研究者们过去通常认为的宗教因素。无论是宗教改革后的新教地区，还是天主教影响下的南部欧洲，② 在这一时期纷纷开始实行社会立法，将济贫问题纳入政府的社会管理体系。慈善济贫开始成为一项社会责任而非宗教行为。在对待贫困和济贫问题上，16世纪的欧洲经历了由传统向近代的转型。

---

① Brian Pullan, *Rich and Poor in Renaissance Venice*, p. 270.

② 德意志地区在16世纪20年代初，南部尼德兰在1524—1525年，法国在30年代，西班牙在40年代开始济贫立法。关于这些国家和地区的济贫问题，参见 Brian Pullan, *Rich and Poor in Renaissance Venice*, p. 239 note 2.

第二节　对威尼斯城市公共空间的控制与管理

公共空间(public space)①这一概念是由当代的社会哲学家提出的，用以描述西方近代资本主义社会的结构性特征。哈贝马斯在其《公共领域的结构转型》中将这种“资产阶级公共领域”同欧洲中世纪的“市民社会”的发展历史联系起来，为公共空间的研究提供了一种理想的历史语境(context)。② 新马克思主义社会理论家亨利·列斐伏尔(Henri Lefebvre)在《空间的生产》(*Production of Space*)中也指出，16 世纪以来西方资本主义的基本生产方式依赖于这样一个物质和意识形态的空间来实现。③

威尼斯共和国的贵族寡头政治体制与其稳定和谐的社会政治环境之间的关系，一直以来是文艺复兴时期威尼斯研究的重点领域。近三十年来，西方史学界涌现出了一批从公共仪式、社会结构和生态环境等角度解读文艺复兴时期威尼斯的贵族政治和社会状况的研究著作，这些研究成果不仅进一步开拓了威尼斯历史的研究领域，也为从空间地理角度分析其社会政治的发展提供了理论和知识前提。④ 文艺复兴时期威尼斯城高度集中化的城市空间布局，使其公

---

① 公共空间在社会学上被定义为一个不受经济或社会条件限制(尽管实际情况可能并非如此)，任何人都有权利进入的地方。早期的公共空间可追溯至希腊城邦的“城邦领域”(sphere of the polis)，参见黄洋：《希腊城邦的公共空间与政治文化》，《历史研究》，2001 年第 5 期，第 100 ~ 107 页。

② Jürgen Habermas, *The Structural Transformation of the Public Sphere: an Inquiry into a Category of Bourgeois Society*, trans. By Thomas Burger, Cambridge: The MIT Press, 1991, p. xvii.

③ Henri Lefebvre, *The Production of Space*, trans. Donald N. -Smith, Massachusetts: Cambridge University Press, 1991. 转引自 Peter Arnade, Martha Howell, Walter Simons, “Fertile Spaces: The Productivity of Urban Space in Northern Europe”, *Journal of Interdisciplinary History*, Vol. 32, No. 4, 2002, p. 517.

④ Edward Muir, *Civic Ritual in Renaissance Venice*; Dennis Romano, *Patricians and Popolani: The Social Foundations of the Venetian Renaissance State*; Elizabeth Crouzet-Paven, *Venice Triumphant: The Horizons of a Myth*, trans. Lydia G. Cochrane, Baltimore & London: The John Hopkins University Press, 2002.

共空间呈现出与意大利本土城市不同的发展特点。笔者认为，16世纪，在共和国面临各项社会危机之时，威尼斯贵族寡头政治正是通过对城市公共空间的控制与管理实现了对社会的有效控制，缓解了危机所造成的一部分社会问题。因此，下面笔者将从公共空间的层面入手，对威尼斯城公共空间的构成和格局特点进行历史的解读，探究贵族政治在其中所发挥的作用。

一、威尼斯的城市布局与公共空间

威尼斯城作为威尼斯城市共和国的中心，其城市格局的形成与发展同威尼斯统治阶层早期的规划与管理密切相关。

诞生于海上泻湖区的威尼斯城最初是由若干个彼此临近却又被海水分割开的礁石岛所组成，每座岛屿构成一个相对独立的社区环境，这些社区后来发展成为威尼斯城最基层的社会单位——堂区。公元810年，为了躲避法兰克国王丕平对泻湖区侵略的威胁，时任总督帕迪奇帕兹(Participazi)决定将首府从马拉默克岛(Malamocco)转移到泻湖区中心更为安全的里沃尔托(之后称为里亚尔托)岛。① 公元828年，当威尼斯的两位商人从北非的亚历山大城将圣马可的遗骸带回威尼斯城之后，总督出资在其官邸旁边修建私人的礼拜堂以供奉圣马可的神迹，这座礼拜堂即后来的圣马可大教堂。这样一来，里亚尔托岛就自然发展成为泻湖区的政治和宗教中心。② 9世纪以来，大批移民被吸引到里亚尔托岛附近定居，围绕圣马可教堂和里亚尔托岛的周边地区形成了一系列的堂区。这些堂区的布局大多围绕一座中心广场展开，广场中最主要的建筑一般是教堂，其两边为社区定居者的自建房屋，其建筑风格各异，并未进行统一的规划，在这些房屋中间或耸立着几幢本地最重要的一两个家族修建的

① Samuele Romanin, *Storia Documentata di Venezia* (10 vols.), Venezia: Tipografia di Pietro Naratovich, 1853—1861, Vol. I, pp. 32-34.

② Dennis Romano, *Patricians and Popolani: the Social Foundations of the Venetian Renaissance State*, Baltimore: The Johns Hopkins University Press, 1987, p. 14.

高大住宅乃至豪华官邸，堂区内的富人与穷人并没有明显的区分不同的居住区域。堂区教堂的对面一般为码头或船坞和维修工坊。到公元1100年，威尼斯城共建立堂区70个，这一数字一直维持至共和国灭亡。

威尼斯城特殊的地理环境使得每个堂区都拥有自己的特色和堂区邻里精神(neighborhood spirit)：每个堂区都有自己的守护圣人，独特的节日庆典和风俗。① 因此增强城内各堂区之间的融合度和培养统一的城市意识是培养城市民众国家忠诚度和保持威尼斯城社会稳定的重要议题。当时连接威尼斯城区各堂区的主要交通工具靠的是渡船(traghetti)，为了更加便捷地联系各堂区，威尼斯从12世纪开始开凿新的运河同时拓宽大运河(Grand Canal)的航道，除此之外，这一时期开始在各条运河上架设桥梁(这一时期多为木质桥梁)，为居民的出行提供另一种陆路的选择。同时基本的城市道路(calli)体系在12世纪也开始发展，由于土地资源稀缺，城市中的这些道路一般比较狭窄，在建设时也多随地势而变，多数道路与旁边的运河平行发展，位于大运河两岸的两条主要的人行大道以圣乔瓦尼·德·里亚尔托(San Giovanni de Rialto)堂区和圣巴托罗密欧(San Bartolomeo)堂区为中心向周边城区辐射发展，使得这两个地区成为威尼斯城商业中心的连接纽带。② 这些基础设施的建设从基础上增强了威尼斯城的融合度和整体感。

由于堂区数量众多，为了便于管理，特别是为了便于管理政府发放的国债，威尼斯政府于1171年在堂区之上设立六大行政区(sestieri)。③ 这六个行政区以大运河为界，每边各三个，分别是：大运河东岸的卡斯特洛区(Castello)、圣马可区(San Marco)和卡纳雷吉奥区(Canareggio)，以及大运河西岸的圣克罗齐区(Santa

---

① Frederic C. Lane, *Venice: a Maritime Republic*, p. 12.

② Dennis Romano, *Patricians and Popolani: the Social Foundations of the Venetian Renaissance State*, p. 17.

③ Aldo Contento, "Il Censimento della popolazione sotto la Repubblica Veneta", in *Nuovo Archivio Veneto* Vol. 19, 1900, pp. 231-232.

Croce)、圣保罗区(San Polo)和多索度罗区(Dorsoduro)。① 这六个行政区一般由地理位置的内在联系划分而成，但各行政区也在政府的控制和管理之下发展得各具特色。卡斯特洛区由于是威尼斯主教教堂圣皮特洛教堂(San Pietro di Castello)的所在地，因此发展成为威尼斯的宗教中心，总督府、圣马可大教堂和大议会宫所处的圣马可区自然成为威尼斯的政治中心。拥有里亚尔托贸易市场的圣保罗区是城市的商业中心。从下面这张16世纪初的威尼斯城全景图中可以清楚地看出威尼斯宗教权威的地位远低于城市的世俗统治权威。(见图4-2)

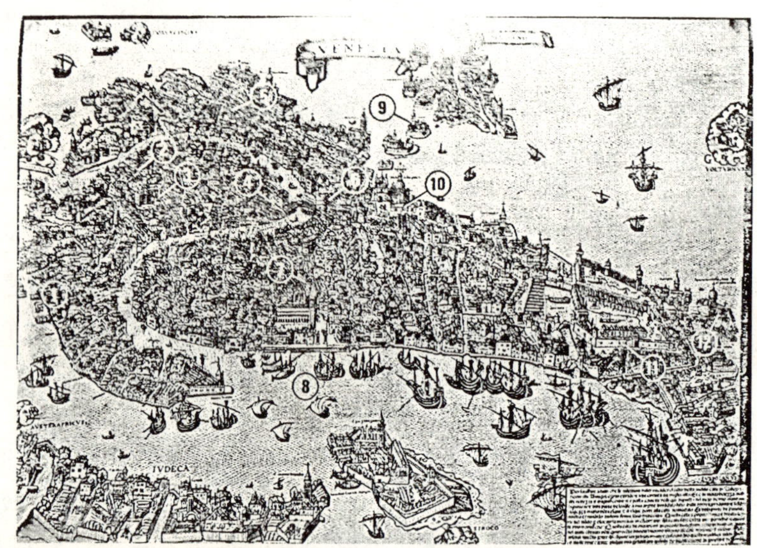

图4-2 1500年左右的威尼斯城(木版画，作者瓦萨索雷，威尼斯科内博物馆藏)

图片来源：Frederic C. Lane, *Venice: a Maritime Republic*, p. 15.

图中地标点分别为：

1. 门迪克利的圣尼可洛堂区(*San Nicolò dei Mendicoli*)，渔民聚居区，保留了社区传统典型的堂区；

---

① Marin Sanudo, Laus urbis Venetae: BCV ms. Cicogna 969, ff. 8v-19r, in David Chambers & Brian Pullan (eds.), *Venice, a Documentary History*, 1450—1630, Toronto: University of Toronto Press, 2001, p. 7.

2. 马林街(*Rio Marin*)，服装商业中心；
3. 弗拉里的圣玛利亚堂区(*Santa Maria dei Frari*)，圣方济各会聚居区；
4. 里亚尔托地区(the *Rialto*)；
5. 捷托玻璃厂(*Ghetto-Foundry*)，后改造为犹太人隔离聚居区；
6. 德国商人的商栈——方达可(*Fondaco dei Tedeschi*)；
7. 梅切里耶(*Mercerie*)，连接圣马可广场和里亚尔托的商店一条街；
8. 圣马可码头(*Bacino San Marco*)；
9. 圣米歇尔堂区(*San Michele*)，威尼斯城公共墓地；
10. 圣扎尼波罗堂区(San Zanipolo)，圣多明我会聚居区；
11. 塔纳区(the Tana)，“兵工厂”所在地；
12. 卡斯特洛的圣皮特洛堂区(San Pietro di Castello)，威尼斯主教教堂所在地。

除此之外，政府还根据自然条件和环境对城市的制造业布局进行规划。如为了减少城市内的火灾隐患，威尼斯的政府禁止在城区发展玻璃制造业，冶炼的熔炉都被转移到远离城市中心的穆拉诺岛(Murano)；为了保证城市的饮用水安全，政府严令禁止城内开设制革厂，皮革制造业被限制在城市外围的朱代卡岛(Guidecca)上发展。①

兴起于12、13世纪的城市建设在14世纪和15世纪上半叶达到了一个高潮，威尼斯城的核心面貌即在这一时期得以形成并一直保存至今天。威尼斯的城市认同感也伴随着市政建设的深入发展而逐渐形成。威尼斯在发展的早期还没有一个完整的城市统一体的概念。11世纪末，威尼斯的贵族在向总督提交的文件中用“祖国”(patria)来指代威尼斯城这个概念，但显然这个称呼并不包含城市共同体这一内涵。到了12世纪，越来越多的文章中开始用威尼斯共同体(commune Venetiarum)来指代这座城市，用以强调整个城市

---

① Nicolò Spada, “Leggi veneziane sulle industrie chimiche a tutela della salute pubblica dal secolo XIII al XVIII”, in *Archivio Veneto*, 5th ser., Vol. 7, 1930, p. 126.

居民的共同利益。① 这也表明自这一时期开始，威尼斯从一个定居者的聚集区发展成为堂区共同体，威尼斯城从一个地理概念发展成为政治概念。

威尼斯城市认同感的增强不仅体现在对城市共同利益的强调和维护上，还可以从培养城市民众的自豪感上反映出来。1339 年大议会投票通过维修和美化圣马可广场的提案，认为“(此举)可以为城市增添荣光”。1368 年大议会投票同意圣克里斯托弗洛修道院(San Cristoforo)修建一座跨运河的桥，认为“这是一件美好而又福泽每位跨河道通行的市民的义举”。1422 年对总督府西侧的翻修重建则被认为是为了与上帝带给这座城市的安宁时光相称。②

而当 15 世纪末、16 世纪初威尼斯共和国进入发展的鼎盛时期，城市的翻新改造建设也进入了一个高潮。根据当时威尼斯贵族马尼洛·桑努托(Marino Sanudo，1466—1536)于 1493 年撰写的《威尼斯颂文》的描述，威尼斯城在这一时期已经知道如何利用打入水下的木桩作为地基建筑结实而坚固的石质房屋和桥梁，使得整座城市如一位威严的女王一般，诞生于波涛汹涌的大海之上。威尼斯城与同一时期意大利其他城市最大的不同在于它没有城墙，也没有晚上需要上锁的城门，更没有需要防范外敌入侵的瞭望塔。但是，桑努托在颂文中却非常自信地认为在这一时期威尼斯城非常安全，因为没有任何势力能攻击或威胁到它。③

意大利半岛是中世纪晚期至近代早期西欧城市化进程最高的地区之一。据统计，1550 年左右，意大利地区居民超过 1 万人的城镇就多达 40 个，尽管多数城市的规模不大，但还是有像南部的那不勒斯(21 万人)、罗马(5 万人)以及北部的佛罗伦萨(6 万人)、

---

① Dennis Romano, *Patricians and Popolani: the Social Foundations of the Venetian Renaissance State*, p. 22.

② Debra Pincus, *The Arco Foscari: The Buildingof a Triumphal Gateway in Fifteenth-Century Venice*, New York: Garland Publishing, Inc., 1976, p. 439.

③ Marin Sanudo, Laus urbis Venetae: BCV ms. Cicogna 969, ff. 8v-19r, in David Chambers & Brian Pullan(eds.), *Venice, a Documentary History*, 1450—1630, p. 4.

威尼斯(15 万人)这样的大中型城市。① 意大利地区城市化的快速发展也促进了城市布局和建设在文艺复兴时期也发生了很大的变化，其中一个最显著的特点就是对公共空间的强调，这主要体现在城市公共建筑的设计和营造上。② 威尼斯城虽然不是由古罗马帝国城市发展而来，并且沿海礁湖区的地理位置也使其很难如文艺复兴的人文主义者所设想的那样建立一个星盘放射状的“理想城”，③ 但威尼斯人在城市的布局和公共建筑的设计上还是遵循了中心化和有利于公共社会生活的原则。根据现代建筑功能学理念为基础的划分，威尼斯城主要公共建筑可分为以下四类：一是城市的广场，包括城市中心的圣马可广场(Piazza San Marco)，里亚尔托桥旁的圣加科莫广场(Piazzetta di San Giacomo di Rialto)以及其他小型广场(campo)，如教区广场和社区内的小广场；二是宗教性的公共建筑，如圣马可大教堂，各教区礼拜堂以及兄弟会堂(casa di scuola)；三是城市的市政建筑，如总督府和议会大厅等；四是城市社会与文化活动的场所，如街道、剧院、医院等。这些公共建筑的集合构成了威尼斯城公共生活发生的空间现场，使通过分析这些公共建筑和空间窥视威尼斯社会政治生活成为可能。

根据对威尼斯城建筑年代的考古观察，其公共建筑的出现同威尼斯共和国的兴起与发展是紧密相连的。威尼斯城在最初接受拜占庭帝国的政治庇佑的同时也接受拜占庭帝国的守护圣者圣西奥多

---

① Elizabeth S. Cohen & Thomas V. Cohen, *Daily Life in Renaissance Italy*, Westport: Greenwood Press, 2001, p. 7; David Chambers & Brian Pullan (eds.), *Venice: a Documentary History*, 1450—1630, p. 107; Edward Muir & Ronald F. E. Weissman, “Social and symbolic places in Renaissance Venice and Florence”, p. 82.

② 王挺之，刘耀春：《文艺复兴时期意大利城市的空间布局》，《历史研究》2008 年第 2 期，第 152 页。

③ “理想城”是由佛罗伦萨建筑师菲拉雷特(Filarete, 1400—1465)为米兰公爵弗朗切斯科·斯福尔扎设计的一个想象的城市。它在几何上的对称和审美上的星形放射状反映了这一时期人文主义者对理性化设计的追求。参见王挺之，刘耀春：《文艺复兴时期意大利城市的空间布局》，《历史研究》2008 年第 2 期，第 157 ~ 159 页。

(St. Theodore)作为本城的守护者。9世纪初，随着拜占庭帝国在拉文纳的溃败，拜占庭对威尼斯的控制日益衰落。威尼斯政府此时也将总督府由马拉默克岛(Malamocco)转移到更为安全的里亚尔托岛(Rialto)。① 828年，威尼斯商人从北非的亚历山大城带回福音传播者圣马可的遗骸，并于832年开始在总督府旁边兴建圣马可教堂用以安放圣迹。这一时期威尼斯不仅在政治上开始有效摆脱拜占庭的控制，在宗教上也通过用圣马可取代圣西奥多作为城市的守护圣人的方式完成了威尼斯从物质到精神上的实质性独立地位。

在这之后的几个世纪里，礁湖区的居民开始了大规模的城市建设，尽管在受到大海潮汐威胁的礁石沼泽地带建立城市并非容易的事情。根据16世纪历史地形指南的作者弗朗西斯科·桑索维诺(Francesco Sansovino)的记载，威尼斯"所有建筑物的地基都是由坚固的橡木桩构成，它们是在水下泥泞的沼泽和河床下面作为永久支撑的好材料。这些橡木桩被打入地下，并用横向交叉的厚重木板进行固定。橡木桩之间的空隙被各种水泥和碎石填满，这样就奠定了非常稳固的基础，能够纹丝不动的支撑起任何高大的建筑"②。根据史料记载，威尼斯城的公共建筑工程始于9世纪，工程的重点区域位于大运河(the Grand Canal)的中心地带(里亚尔托桥)通向港口的地带。这一地区也逐步发展成为威尼斯政治、经济、宗教和文化生活的中心。该地区最早出现的公共建筑是9世纪初期的圣马可教堂，虽然该教堂的原形在978年的一场大火中遭到损毁，但11世纪又在原址重新修建了一座更为辉煌的大教堂，即今天还能观赏到的圣马可大教堂(Basilica of San Marco)。在大教堂旁边的总督府(Doge's Palace)作为威尼斯城的政治中心，在1177年建成并在接下来的4个多世纪里多次扩建修复，成为一个混合了罗马、拜占庭、

① [美]玛格丽特·L. 金：《欧洲文艺复兴》，李平译，上海：世纪出版集团，2008年，第37页。

② David Chambers & Brian Pullan (eds.), *Venice: a Documentary History, 1450—1630*, p. 24.

文艺复兴和伊斯兰建筑风格的宏伟建筑群。① 这两大公共建筑和之后在其周围修建的钟楼（*Campanile di San Marco*）、老行政大厅（*Procuratie Vecchie*）、新行政大厅（*Procuratie Nuove*）以及公共凉廊（*Loggetta*）和公共图书馆（*Biblioteca Marciana*）等合围而成的圣马可广场（*Piazza San Marco*）就构成了威尼斯社会政治生活中最重要的核心公共空间，城市中其他公共建筑的设计和布局都是围绕着通往或连接圣马可广场而进行。

公共建筑在文艺复兴时期的不断涌现一方面反映了威尼斯城市贵族阶层财富的持续增长，为城市建设提供了充分的资金支持；另一方面，研究者们一般认为这也同城市的贵族统治政府持续加强对城市公共空间的控制密切相关。② 圣马可广场中心地位的形成是威尼斯共和国贵族统治阶层对社会公共生活控制力增强的直接结果，其他的市政建筑如桥梁、道路和公共凉廊的修建也是共和国城市公共生活不断被强化的标志。因为与意大利其他城市在这一时期继续以地缘因素为基础，加强贵族家族对周边邻里和教区的私人控制不同，威尼斯共和国贵族政府正是通过将城市最重要和最具威望的机构组织高度的集中在以圣马可广场为中心的公共空间中，同时对诸如教区小广场、桥梁和街道等公共空间的控制来抵制和控制城市中富裕的商人贵族私人势力的膨胀。③

二、贵族政治对公共空间的控制与管理

文艺复兴时期威尼斯的主要公共空间是由广场、街道和公共建筑所构成的。对于不同的公共空间，威尼斯的贵族统治者们采取了不同的方式来加强控制和管理，以达到有效控制社会局面的目的。那么在16世纪的危机面前，威尼斯的贵族政府是如何在这些公共

---

① ［美］玛格丽特·L. 金：《欧洲文艺复兴》，李平译，上海：世纪出版集团，2008年，第38页。

② Dennis Romano, "Gender and the Urban Geography of Renaissance Venice", *Journal of Social History*, Vol. 23, No. 2, 1989, p. 339.

③ Edward Muir & Ronald F. E. Weissman, "Social and symbolic places in Renaissance Venice and Florence", p. 86.

空间实行管理？效果又如何？这是回答威尼斯贵族政治同城市公共空间关系的关键。

（一）广场

广场是文艺复兴意大利城市最为重要的公共空间，它一般是城市的政治权力中心，同时又是城市市民日常公共生活的中心，有时一个广场还兼具经济活动中心的职能。城市的许多重大政治、宗教和社会活动以及经济活动都会在这里进行。威尼斯的圣马可广场就是文艺复兴时期最为典型的城市综合性中心广场。在威尼斯，圣马可广场是唯一被称为"Piazza"的广场，其他的广场都只能被称为"Campo"（小广场）。① 这一方面说明了圣马可广场的占地规模很大，是威尼斯最大的城市公共活动空间；另一方面也反映了圣马可广场在威尼斯社会生活中的重要地位。圣马可广场位于威尼斯城里亚尔托岛圣马可区南端面海的开阔地带，自中世纪以来一直是威尼斯城商业贸易最繁荣的中心地区。它的雏形是9世纪圣马可教堂原址前的一块小空地，随着圣马可大教堂的修建和总督府的不断扩建，圣马可广场的规模也逐渐扩大，至1177年圣马可广场的规模样式最终确定下来。它长约170米，东面宽约80米，西面略窄约55米，整体形状大略成一个翻转后逆时针旋转90°的"L"形状。圣马可广场的这种不规整的形状也反映了广场在建立之初是带有一定的自发性质，城市的市政机构并没有刻意地去把它规划成标准的矩形样式。处于广场"L"形交叉点的是广场的宗教中心——圣马可大教堂，左边是威尼斯共和国的政治中心——总督府，老行政大厅与新行政大厅由广场隔开，南北相对。圣马可广场的地理位置和环绕广场的公共建筑使其成为威尼斯最重要的公共活动空间。

从功能上看，圣马可广场作为城市的政治和宗教中心，是威尼斯举行重大宗教仪式和公共庆典的主要场所，也是城市居民日常社会活动的主要场景。威尼斯作为虔诚的天主教国家，每年举行盛大

① Patricia H. Labalme & Laura Sanguineti White (eds.), *Venice, Città Excelentissima: Selections from the Renaissance Diaries of Marin Sanudo*, p. 490, no. 13.

的宗教仪式和游行庆典是其公共生活的重要部分。威尼斯的公共庆典节日很多，按性质可分为以下四类：一是天主教圣徒纪念日，如每年 4 月 25 日的圣马可节，用来纪念威尼斯城的守护神——圣马可；二是涉及威尼斯同教皇之间关系的重大节日，如纪念教皇亚历山大三世 1177 年访问威尼斯并向威尼斯总督赠礼表示尊敬的庆典；三是威尼斯共和国历史上的重大事件纪念活动，如纪念威尼斯在 1571 年勒班陀战役（Battle of Lepanto）中击败奥斯曼土耳其的胜利庆典；四是体现共和国贵族政治，展示威尼斯共和国荣光的庆典活动，如总督的就职庆典和迎接国外的重要使团访问的公共庆典。这些庆典活动到了 16 世纪发展得更为频繁和程序复杂。根据威尼斯共和国大议会制订的官方庆典手册上所列举的节日显示，威尼斯在 16 世纪每年有 16 个大型的节日庆典需要总督和政府官员出席，并且强调庆典的数目随着年份的不同还略有增减。除此之外，对于地方性的小规模庆典节日的记载则从 29 个、69 个到 78 个不等。依据爱德华·谬尔（Edward Muir）所做的统计，至 16 世纪末，威尼斯共和国每年至少 86 天有重要的公共庆典活动。① 在这些节日庆典中，威尼斯城的居民往往会举行盛大的游行，如将圣马可的遗迹从圣马可大教堂迎接出来并环绕威尼斯城一周并最终回到圣马可广场，在广场上举行全城参加的大弥撒，以及由圣马可教堂主教和共和国总督共同主持的祭祀活动。在庆典仪式结束后，人们一般还会聚集在圣马可广场周围举行狂欢活动或贸易交流。

从文艺复兴威尼斯共和国的庆典数量和规模来看，威尼斯城公共活动的参与者是广大城市居民，因此是一项发生在公共空间（广场）的公共活动（庆典游行）。但通过进一步分析仪式的形式和过程，其实不难发现这些庆典活动重要的政治意味。通过这种公共庆典活动，一方面不仅可以加强城市民众的参与感，培养共和国民众的忠诚度，并通过环城的公众游行，将城市的各个部分联系起来，使居民形成一种城市认同（urban identity）意识，并且通过这种公共仪式不断强化广大民众对整个秩序化的等级社会的认同；另一方

① Edward Muir, *Civic Ritual in Renaissance Venice*, pp. 77-78.

面，威尼斯共和国通过对宗教庆典活动的世俗化行政管理，使城市内的宗教活动从形式到内容上都能够直接接受政府控制。如上面提到的庆典手册上明确规定了各项公共庆典活动的规模、时间、地点以及参加的人员。除此之外，对于参加游行庆典活动的内容，仪式程序和游行序列，威尼斯政府有详细的规定。根据桑努托的日记记载，在1533年6月25日纪念圣马可神迹的庆典上，"当总督及其陪同的政府官员和神圣罗马帝国、法国、英格兰的大使参加完圣马可教堂弥撒后，总督宣布游行开始。游行队伍中每个兄弟会都举着12对高蜡烛……打头的是圣马可兄弟会(Scuola di San Marco)拿着圣人戒指……旧衣典当商的兄弟会(Scuola di Strazarouli)拿着圣马可亲自抄写的福音书紧随其后……各教区修士和神父都参加了这次游行"①。因此，圣马可广场这一公共空间的宗教职能和政治职能通过贵族政府的集中控制和管理，在民众的公共庆典活动中交织在了一起(见图4-3)。

威尼斯的圣马可广场由于承担了共和国绝大部分的宗教和政治职能，它的经济贸易职能被不断削弱，取代圣马可广场成为威尼斯社会经济活动中心的是位于里亚尔托桥旁边的圣加科莫广场。这个广场的主要功能是商业贸易，因此广场周围的建筑多以方便贸易而设计，如建筑物的第一层开口一般朝向水面，这样船只就可以方便地在那里装卸货物。② 广场边的里亚尔托桥作为大运河的中点，既是连接威尼斯两岛之间的重要桥梁又是城内商业贸易的主要场所。该桥原本是木制结构，后来在15世纪坍塌，到了16世纪在建筑师安托尼奥·达·彭特(Antonio da Ponte)的设计下改建为石桥，成为威尼斯大运河上最具代表性的建筑。③ 里亚尔托桥及其周边广场依靠地处城市中心，接近大运河出海口的有利地形，在文艺复兴时期

---

① Patricia H. Labalme & Laura Sanguineti White (eds.), *Venice, Città Excelentissima: Selections from the Renaissance Diaries of Marin Sanudo*, pp. 83-84.

② [美]玛格丽特·L. 金：《欧洲文艺复兴》，李平译，上海：世纪出版集团，2008年，第38页。

③ 王挺之，刘耀春：《欧洲文艺复兴史·城市与社会生活卷》，北京：人民出版社，2008年，第32页。

图4-3 圣马可广场上的游行(局部)(油画，作者G. 贝里尼，1496年，威尼斯学院艺术馆藏)

(图片中央抬着圣马可遗迹的为“圣乔瓦尼福音兄弟会”成员，在其前后擎蜡烛和其他礼器的皆为大兄弟会成员。)

成为威尼斯社会经济生活和贸易的中心。无论是铁和盐、金子和珠宝，还是木料和矿石、肉和鱼，等等，都可以在这个广场进行交易。正如桑努托所描述的那样：“他们带来足够多的鱼，但总能在一天之内销售一空，晚上收市是一条都不剩，因为城里每个人都在消费，每个人都能像贵族一样生活。这个城市里不种植任何东西，但你可以(在这里)找到大量你需要的商品。这是因为商品的流通量极其巨大，任何东西都会从每个城市以及世界上的每个角落汇聚到这里，特别是食品。”①

里亚尔托桥及其旁边的圣加科莫广场上的这种繁荣景象离不开威尼斯政府对市场公共空间和公共活动的监督与管理。圣加科莫广场最初是自发形成的商业市场，广场周边的建筑也风格各异，但它们都有一个特点就是都有木制的横梁，以便于在它们的底层设置店

---

① David Chambers & Brian Pullan (eds.), *Venice: a Documentary History, 1450—1630*, p. 13.

铺。这种从商业利益出发的建筑形态造成了整个广场显得比较杂乱且存有安全隐患。1514年圣加科莫广场发生火灾，使广场上的商铺损失严重，为了避免今后再出现类似的事故，威尼斯政府任命建筑师安托尼奥·阿本迪(Antonio Abbondi)对广场进行重新规划和设计。阿本迪通过设计一系列平行于大运河的码头和等间距的开口，同时尽量统一广场周围建筑的高度和设计风格，改变了过去广场杂乱无章的空间样式。除此之外，广场上的建筑物也通过重新规划，将商业铺面与盐务税务等市场管理机构分开，菜市场与高级奢侈品市场分离，把货品仓库沿码头设置，方便货物运输。这样一来，威尼斯圣加科莫广场的空间用途就在合理的范围内实现了多样化。① 圣加科莫广场作为威尼斯城的社会经济活动中心，是城内居民日常商业活动的主要场所。贵族政府为了维护市场交易行为的有序性，同时也为了保证国家商业利益和政府财政收入，对广场上的商业活动监管一直颇为重视。从1507年贵族政府的元老院向五名财政官员(Cinque Savi alla Mercanzia)下发“建立商业贸易部”的公文中，我们可以发现这个部门“必须由五名在商业和调停上有丰富经验的贵族组成，并且必须从元老院中选举产生”，工作地点就在里亚尔托的广场内，其主要职能是“向商户宣传商业知识和贸易谈判的经验，监督和调查广场内一切无序的经济活动和处理突发事件，采取一切可能的措施维护和增加国家政府的商业贸易和财政收入”。②

(二)街道

如果说广场是威尼斯城社会公共活动的主要空间，那么将这些空间连接起来的就是城内纵横交错的街道，它们是维持整个城市社会生活健康发展的动脉。而威尼斯城建于水上的独特环境使得城市的交通网络由运河水道、桥梁、街道构成，它们的畅通与否对威尼斯城居民的社会生活至关重要。因此，对城市街道的控制与管理也成为威尼斯贵族政府日常工作中的重要一环。

---

① 王挺之，刘耀春：《欧洲文艺复兴史·城市与社会生活卷》，第86页。

② David Chambers & Brian Pullan (eds.), *Venice: a Documentary History, 1450—1630*, p. 168.

威尼斯城由两个本岛和外围环绕的两个离岛——圭代卡岛(Guidecca)和丽都岛(Lido)所组成，其中两个本岛被反"S"形的大运河贯穿，处于大运河中点的里亚尔托桥成为连接两岛的主要通道。城内的这两个本岛从地形上看是分别独立的一个单元，往来联系的主要交通工具就是船，因此这种特殊的地理环境使得威尼斯城无法像罗马那样的本土城市对城区内的道路进行网格化的规划。威尼斯城内的街道(人行道)多是毫无逻辑的自然形成，水道上建的桥梁也多是连接主要的干道，许多小巷道都是"死胡同"或者在运河旁戛然而止。这样的街道布局结构很难说是一种合理有效的交通网，同时这在很大程度上也增加了社会的不安定因素。不时发生在桥上和街道的暴力斗殴事件(battagliola)是威尼斯贵族政府社会管理威胁之一，因此统治阶层从几个方面入手，介入对城市街道的公共空间管理。首先，设置专职官员对街道进行巡视和管理。1450年，威尼斯政府开始设置"巡夜官"(Officiali di Notte)，对城市街区治安进行管理。根据桑努托的记载，"城区内每个行政区(sestieri)设一名巡夜官，必须由年满30岁并在政府担任8个月以上公职的贵族担任。他们由护卫陪同，每周对所在的行政区进行四天(或四夜)的巡逻，其他时间由各行政区首领(capi)负责巡逻。他们一般携带武装，对街道上的抢劫或私自携带武器的人进行审讯调查。同时他们还负责城市的防火工作。"①其次，通过法律明令禁止街头或桥上的聚众斗殴行为。1510年，十人会议通过法律明确禁止在城区内任何地方发生斗殴暴力行为，违者"年龄在××岁以上，鞭刑三下，流放出威尼斯××年；××岁以下的，每人处罚金40里拉"②。再次，是在宗教上的，通过在街道的入口处或各教区的主要建筑物外竖立或悬挂圣母或耶稣的形象，来从精神上对暴力行为产生震慑的作用。根据历史学家安托尼奥·尼尔罗(Antonio Niero)

① David Chambers & Brian Pullan (eds.), *Venice: a Documentary History, 1450-1630*, p. 88.

② Patricia H. Labalme & Laura Sanguineti White (eds.), *Venice, Città Excelentissima: Selections from the Renaissance Diaries of Marin Sanudo*, p. 343.

的统计，威尼斯城的街道上共有圣母像406尊，他们分布在城市的各个角落，使居民在日常生活的公共空间中始终能感到宗教对人的精神作用。①

除了对街道空间本身的控制，街道的交通职能也被贵族政府作为一种权力手段来加以利用和控制。如1323年，十人会议就通过一项判决，禁止贵族安杰罗·特雷维萨(Angelo Trevisan)、米歇尔·萨拉门(Michele Salamon)和马可·扎内(Marco Zane)进入圣马可广场和里亚尔托广场，后来又进一步禁止他们通行重要的商业大道(Merceria)或任何其他能通往圣马可广场和里亚尔托广场的主干道(vias magistras)。尽管十人会议并没有说明这项禁令的原因，但通过后来对他们赦免理由——"他们发誓对总督效忠和遵从"——来看，似乎是由于他们从事了某些威胁威尼斯贵族政权的活动。这种制裁禁令并非特例，因为之后大议会还有这样类似的法令来禁止平民反抗者进入圣马可广场和里亚尔托广场。② 正如上文谈到的那样，圣马可广场是威尼斯城的政治中心，是整个城市政治活动的最重要空间。威尼斯贵族统治者这种通过从肉体上剥夺进入这一政治空间权力的行为可以说是直接或间接剥夺了反对者涉足共和国政治权力的机会。同时禁止使用商业大道和城市的其他主干道也说明十人会议是希望借此将反抗的贵族们从威尼斯的商业权力中隔绝开来。

(三)剧院

观赏戏剧表演是威尼斯人主要的娱乐消遣方式，因此剧院也成为威尼斯社会生活重要的场所。而威尼斯这座"水中之城"的独特环境——水面反射的耀眼光线，倒映在水中的城市与现实景象的融

① Edward Muir, "The Virgin on the Street Corner: The Place of the Sacred in Italian Cities", John J. Martin(ed.), *The Renaissance: Italy and Abroad*, London & New York: Routledge, 2003, p. 282, no. 12.

② Ferruccio Zago (ed.), Consiglio dei Dieci: Deliberazioni miste (2 vols.), Venice, 1962-1968, vol. 1, register 2. 转引自 Dennis Romano, "Gender and the Urban Geography of Renaissance Venice", *Journal of Social History*, Vol. 23, No. 2, 1989, p. 341.

合，城市空间的独特布局，环绕城市的礁湖所展现的美妙景象——为威尼斯的戏剧表演提供了一个独特的空间环境。

威尼斯城的这种“戏剧化”的空间环境使威尼斯剧院的发展呈现出多样化的色彩。威尼斯最早且最著名的“剧院”是圣马可大教堂。13 世纪末镌刻在圣马可大教堂大厅门外的题词记录了威尼斯人欢迎圣马可遗骸安放于大教堂的庆祝表演。① 文艺复兴时期威尼斯的戏剧表演并不仅仅局限在一个既定的场所，户内或户外，私人或公共的场所都能由于舞台的搭建而成为欣赏戏剧的空间。私人的戏剧空间包括贵族宫邸中的凉廊或庭院，租用或借用的修道院餐厅；公共的戏剧空间包括各种小型的公共广场(campi)，圣马可广场，里亚尔托桥附近的凉廊，运河的堤围，甚至漂浮在大运河上的“移动剧院”(floats)。② 尽管这些戏剧场所或私人或公共，欣赏戏剧的观众也由于场所的不同而存在身份和地位的区别，但它们都有一个共同的特点就是免费入场，舞台上表演是由各种身份的(如贵族、富裕的商人、政府以及教会等)赞助人资助开展，并不以营利为目的。但于 1580 年左右由贵族商人出资兴建的两座剧院则改变了这种状况，需要付费才能进场观看以及拥有可供出租的剧院包厢(palco)使其成为意大利歌剧院(teatro all'italiana)的前身，是当时意大利乃至欧洲的“一个绝对的新奇的事物”。③

这两座剧院一座名为特洛恩(The Tron Theater)，坐落在圣卡西亚诺教区的西部边缘地带；另一座名为米歇尔(The Michiel

① Patricia H. Labalme & Laura Sanguineti White (eds.), *Venice, Cità Excelentissima: Selections from the Renaissance Diaries of Marin Sanudo*, p. 487.

② Patricia H. Labalme & Laura Sanguineti White (eds.), *Venice, Cità Excelentissima: Selections from the Renaissance Diaries of Marin Sanudo*, p. 488.

③ 意大利歌剧院(teatro all'italiana, Italian opera house with boxes)是文艺复兴时期威尼斯产生的最成功的建筑形式，对 17、18 世纪的欧洲剧院发展以及意大利歌剧这种新的艺术形式的成功推广产生了巨大的影响。参见 Eugene J. Johnson, “The Short, Lascivious Lives of Two Venetian Theaters, 1580—1585”, *Renaissance Quarterly*, Vol. 55, No. 3, 2002.

Theater)，位于大运河旁边。由于威尼斯一直有一个传统是利用房间的窗口或凉台这种私人空间来观看公共事件，甚至在16世纪有人将自家的窗口或凉台出租给观看桥上斗殴(guerre di bastoni)的人，如1574年，法国的亨利三世就借访问威尼斯的机会在凉台上观赏了卡米尼桥上(Ponte dei Carmini)的拳战。① (图4-4)因此这两座新型剧院就利用了这一传统，用墙将剧场空间隔成一个个单独的包厢，同时设计了可以从包厢里关闭的门，这样就将包厢里面同外面路人的视线隔开，包厢也因此成为一个“私人的空间”。②这种通过私人视角的平台(包厢)来观察公共景观(舞台表演)的设计，在原本是“半公共场所”(semi-public place)的售票剧院中，创造了一种全新的社会空间，使人们通过私人途径能够进入公共空间。③

威尼斯剧院里这种私人包厢的出现，以及之后传出的有关包厢内存在不轨行为的传言随即引起了共和国贵族政府特别是十人会议的激烈反应。1582年1月5日，十人会议向大议会提交了一份法令请求投票通过，明确提出了对剧院中封闭式包厢的反对——“如果(十人)议会的官员无法保证剧院中所有包厢的尾部是打开的状态……以保证每个路过的人都能观察到包厢的情况，那么所有的戏剧都不能获得演出许可。”④紧接着在1月14日，十人会议又向大议会递交了另一份法令，对包厢及其周边环境提出了更多的要求：“剧院包厢的门要昼夜开启，同时包厢外走廊的

① Robert C. Davis, *The War of the Fists: Popular Culture and Public Violence in Late Renaissance Venice*, New York & Oxford: Oxford University Press, 1994, p.47.

② Eugene J. Johnson, “The Short, Lascivious Lives of Two Venetian Theaters, 1580—1585”, p.937.

③ Eugene J. Johnson, “The Short, Lascivious Lives of Two Venetian Theaters, 1580—1585”, p.946.

④ *Archivio di Stato di Venezia*, Consiglio dei Dieci, Comune, R.36, 180v. 转引自 Eugene J. Johnson, “The Short, Lascivious Lives of Two Venetian Theaters, 1580—1585”, p.948.

灯也要在演出前全部打开，并一直点亮直至演出结束，所有的人都离开包厢之后。”①从上述的材料中可以发现，对于私人空间在公共场所的出现以及由此造成的对公共空间控制的缺失是威尼斯贵族政府最为担心的问题，因此威尼斯的贵族政府在对待剧院包厢问题上的打击态度是非常坚决的。之后这两所剧院虽然经过调整包厢设计和舞台演出的内容，但最终还是在1585年根据十人会议的命令被关停。威尼斯的剧院也因此在很长一段时间不再设包厢，而是安排如竞技场一样的座席，所有的观众都在公共场合下接受公众的监督。②（图4-5）

除了对剧院环境的控制，共和国政府对剧院上映的剧目也有一定的控制。在威尼斯贵族桑努托的日记中就记载了不止一次在克罗塞切利剧院（Crosechieri）上演的马基雅维利撰写的戏剧《曼陀罗》（Mandragola）。③ 除此之外，威尼斯共和国的贵族政府还出资赞助了多部反映共和国辉煌战绩和国威的歌颂戏剧，在每逢外国使节访问的时候，选择在圣马可广场或总督府大厅上演。④

---

① *Archivio di Stato di Venezia*, Consiglio dei Dieci, Comune, R. 36, 1581—1582, 181r. 转引自 Eugene J. Johnson, “The Short, Lascivious Lives of Two Venetian Theaters, 1580—1585”, p. 949.

② Eugene J. Johnson, “The Short, Lascivious Lives of Two Venetian Theaters, 1580—1585”, p. 952.

③ Patricia H. Labalme & Laura Sanguineti White (eds.), *Venice, Cità Excelentissima: Selections from the Renaissance Diaries of Marin Sanudo*, p. 493.《曼陀罗》是由马基雅维利于1504年至1518年撰写的一部戏剧，首次上演是在1518年。戏剧的主要内容是讲述一位曼德拉的君主卡利马可（Callimaco）为了追求自身的幸福而牺牲其他人利益的故事。剧中充满了象征意义语言，如女主人公卢克莱齐亚（Lucrezia）象征国家，她的傻瓜丈夫尼奇亚（Nicia）是“世袭的君主”，神父提门提奥（Timeteo）是“教权君主”，他的导师利古里奥（Ligurio）则是马基雅维利自身的写照。——笔者注

④ Patricia H. Labalme & Laura Sanguineti White (eds.), *Venice, Cità Excelentissima: Selections from the Renaissance Diaries of Marin Sanudo*, p. 487.

图4-4 普尼桥上的拳战(Fistfight at the Ponte dei Pugni)(木刻版画插图)

图片来源：Giacomo Pranco, *Habiti d'huomeni et donne venetiane: con la processione della Serenissima; signoria et altri particular cioè trionfi feste et cerimonie publiche della nobilissima città di Venetia*, Venice: 1610.

图 4-5　16 世纪的威尼斯剧院（木刻版画插图，大英图书馆藏）

图片来源：Plautus，*Comoediae XX*，Venice：Lazarum soarsum，1511

通过上面对威尼斯城主要公共空间的论述可以看出，16 世纪威尼斯贵族政府在政治和宗教上对城市社会生活的渗透作用和对公共空间的控制力度在文艺复兴时期是逐渐增强的。为了有效强化圣马可广场中心权威的地位以及维护威尼斯共和国社会等级秩序，威尼斯的贵族政府通过法律、宗教以及行政手段将城市居民的社会生活不断公共化；为了培养共和国民众的忠诚感和责任感，威尼斯通过对世俗以及宗教公共空间和活动的控制，成功地将城市的公共空间置于私人空间之上。① 那么，威尼斯贵族政府对待城市公共空间如此重视的原因又有哪些呢？下面笔者仅就个人的理解，从以下几个方面进行分析。

第一，威尼斯恶劣的自然生存环境使威尼斯的贵族政府必须对城市的公共建筑和公共空间进行统一的有效管理。威尼斯共和国诞生于海中的礁湖之中，土地资源稀缺的同时还面临海水对城市的持续侵袭。这样的地理环境就决定了威尼斯城的公共建设必须强调协同工作，集中规划，合理设计建筑布局以及城市空间系统化的开发利用。因此威尼斯共和国中央贵族统治阶层权力的强化，以及意大利本土那种强调邻里地缘基础的忠诚感在文艺复兴时期的威尼斯共和国从属于对中央政府和整个城市的尊崇与责任，很大程度上是城市特殊的生态环境状况决定的。② 这也是加斯帕罗·康塔里尼(Gaspero Contarini)在谈到威尼斯政府中那些负责城市街道、桥梁修筑和维护的官员时，不断强调他们的重要作用以及维护城市的尊严和特性的重要原因。③

第二，通过对威尼斯城公共空间的有效控制，威尼斯的贵族寡头政治在文艺复兴时期得到了持续发展。贵族寡头政府通过对城市社会公共空间的有效控制和管理，在一定程度上维护了威尼斯共和

① Edward Muir & Ronald F. E. Weissman, "Social and symbolic places in Renaissance Venice and Florence", p. 100.

② Edward Muir, "The Virgin on the Street Corner: The Place of the Sacred in Italian Cities", p. 287.

③ Gaspero Contarini, *The Commonwealth and Government of Venice*, trans. Lewes Lewkenor, London: John Windet, 1599, pp. 115-116.

国在文艺复兴时期稳定和谐的社会政治局面。威尼斯的贵族统治阶层在人口上不占任何优势，为了实现对整个共和国的有效控制，威尼斯贵族统治者从控制公共的广场和街道入手，将城市的公共空间网络置于各级政府机构和官员监督和管理之中，使政府能在最短的时间对城市社会生活中的突发情况做出反应。与此同时，共和国贵族政府也意识到，广场和其他公共建筑（如公共凉廊和公共图书馆）作为城市公共信息的集散地，在这些地方产生的流言和谣传如果不加以有效控制，会引起不必要的社会动荡。因此掌握了对城市公共空间的控制权，在很大程度上就掌握了城市公共舆论的发言权。

第三，威尼斯的贵族统治集团在对城市公共空间的控制上并非一味的严苛管理，通过公共仪式和公共娱乐等方式对民众进行认同感的教育也是其贵族政府的重要工作。无论是在公共仪式中不断强化的尊卑、长幼秩序，还是在公共娱乐中进行共和观念的潜移默化教育，都是贵族统治阶层在法律和行政命令等“硬手段”下的“软控制”。这两种手段的合理利用是威尼斯贵族统治得以长期稳定发展的隐形保证。

总之，文艺复兴时期威尼斯共和国的公共空间在其贵族统治者的控制和管理下，成为贵族政府实行寡头统治的主要工具和途径。威尼斯共和国整个社会的和谐稳定与公共空间的高度集中化和政治化的特性是紧密相连的，并且是共和国贵族政治集中有效的控制和管理结果。

第三节　对威尼斯城市公共节日活动的控制与管理：以狂欢节为例

16、17世纪，威尼斯狂欢节的繁荣与发展是当时欧洲大众文化生活中的一道独特风景。它丰富多彩的节日庆典活动吸引了众多国外游客，“四面八方的人（在狂欢节期间）来到这座意大利的‘最大城市”，① 使威尼斯成为欧洲的“休闲娱乐中心”②，被誉为“狂欢

---

① Payen, *Les voyages de Monsieur Payen*, Paris: Estienne Loyson, 1663, p. 170.

② Robert Halsband(ed.), *The Complete Letters of Lady Mary Wortley Montagu: 1721—1751* (3 *vols.*), Oxford: Clarendon Press, 1967, vol. 3, p. 235.

之城"(Cittā Carnevale)。这一时期，威尼斯以狂欢节为代表的大众文化，不仅没有受到其经济、政治等方面衰退的影响，也没有被此时席卷欧洲的宗教改革运动打击和取缔。① 威尼斯狂欢节何以能持久地繁荣发展？这一问题已经引起了西方社会史和文化史学家的关注。爱德华·缪尔认为，威尼斯的贵族统治者出于政治目的，利用狂欢节的大众文化传统，在近代早期将其改造成"一场精心设计的公共戏剧"，通过控制和组织狂欢节的庆典活动，来宣传威尼斯共和国"尊贵祥和"(La Serenissima)的政治声誉。② 文化史学家彼得·伯克也认为，16、17世纪繁荣发展的狂欢节是"威尼斯神话"(Mito di Venezia)的重要组成部分，但他指出，狂欢节在这一时期的繁荣发展与近代欧洲社会的商业化进程密切相关，威尼斯的狂欢节也因此从传统的宗教庆典节日转变为吸引各国游客的商业热点。③ 缪尔和伯克对于威尼斯狂欢节转变和发展繁荣的原因分析无疑具有说服力，但是，他们的研究较侧重于政治经济等层面的分析，对于围绕狂欢节在近代早期的发展与转型过程中所面临的宗教和文化上的冲突，论述得还不够充分。因此，还有进一步探讨的必要。

一、威尼斯狂欢节的起源与特点

早在中世纪，狂欢节就是欧洲一年中最重要的民众宗教节日，它的形成与基督教的大斋期(Lent)④有着密切的关系。狂欢节

---

① 宗教改革期间，无论是新教改革区的英国、德意志地区，还是天主教统治区的法国、意大利和西班牙地区，均有以狂欢为特点的宗教和世俗节日活动被取消。详细参见 Peter Burke, *Popular Culture in Early Modern Europe*, Hants: Wildwood House Ltd., 1988, Chapter 8, pp. 217-222.

② Edward Muir, *Civic Ritual in Renaissance Venice*, p. 167, 181.

③ Peter Burke, The Historical Anthropology of Early Modern Italy: Essays on Perception and Communication, Cambridge: CambridgeUniversity Press, 1987, pp. 188-190.

④ 大斋期，天主教会也称为四旬期，是指从圣灰星期三(Ash Wesdnesday)开始至复活节前共计约四十天的宗教节期。大斋节期间，基督徒以祈祷、禁食、禁欲、施济等行为来忏悔和赎罪，并准备庆祝耶稣基督的复活。Tanya Gulevich, *Encyclopedia of Easter, Carnival and Lent*, Detroit: Omnigraphics, Inc., 2002, p. 346.

(Carnival)一词源于拉丁文的“肉”(*carne*)和“拿走”(*levare*)，意指告别、戒除肉食。在中世纪，基督徒们要在长达约40天的大斋期里戒食、禁欲，过苦行的生活，因此他们通常在大斋节前的最后几天(通常为一个星期①)通过大吃大喝等行为来庆祝这最后的享乐时光，并在大斋期前的最后一天和肉欲告别。同时，由于欧洲的狂欢节一般在每年的初春时期达到高潮，在此期间，各地普遍会举办一系列的大型宴会、化装舞会和花车游行等庆祝活动，并且在广场等公众活动的中心上演各类民间歌舞及戏剧表演。因此，有学者将狂欢节起源追溯至古希腊的“狄俄尼索斯(酒神)节”(Dionysus)和古罗马的“农神节”(Saturnalia)等世俗节日。② 在中世纪，作为天主教统治的中心地区，拥有深厚古典文化传统的意大利是最早庆祝狂欢节的地区，之后这一节日庆祝传统扩展到法国、西班牙和欧洲其他天主教国家。罗马、蒙彼利埃、纽伦堡、巴塞罗那等城市都以其独特的狂欢节文化而闻名，但其中影响最大，也最具知名度还是威尼斯的狂欢节。

早在1092年，威尼斯就已经出现关于狂欢节的记载。到了近代早期，威尼斯狂欢节已经成为威尼斯民众社会生活中的重要内容，并因其丰富多彩的节日庆典，成为威尼斯招徕国外游客的热门游览项目。③ 威尼斯的狂欢节通常从圣诞节后的第一天(12月26日)，即圣斯蒂芬节(Saint Stephen)开始，一直持续至大斋期的第一天，即圣灰星期三。在这个长达近两个月的狂欢季节里，威尼斯

---

① 传统上，一般以圣灰星期三之前一周的星期四——也被称为“油腻的星期四”(Giovedì Grasso)——作为狂欢节的起始日，狂欢节一般在圣灰日的前一天，即“油腻的星期二”(Martedì Grasso)达到高潮。Tanya Gulevich, *Encyclopedia of Easter, Carnival and Lent*, pp. 51-52.

② 关于狂欢节与“酒神节”，参见Frank A. Salamone(ed.), *Encyclopedia of Religious Rites, Rituals, and Festivals*, New York&London: Routledge, 2004, p. 228；关于狂欢节与“农神节”，参见Tanya Gulevich, *Encyclopedia of Easter, Carnival and Lent*, p. 54.

③ Edward Muir, *Ritual in Early Modern Europe*, Cambridge: Cambridge University Press, 1997, p. 87.

人会举办多种形式的狂欢活动来庆祝这一节日，如在广场和贵族私人府邸举行的盛大宴会，上演最新编排的各类喜剧、哑剧以及杂技表演，在拥挤的街道和广场上进行的猎杀猪牛的仪式，在大运河上举行的模拟攻城比武以及各类的划船竞技等，当然还有贯穿狂欢节始终的化装舞会和面具游行。① 威尼斯狂欢节在16、17世纪发展至其全盛时期。17世纪中期，当英国作家约翰·伊夫林(John Evelyn)在狂欢节期间游览威尼斯之后，在日记中发出了"全世界人都涌入了威尼斯!"的感叹；1740年，英国夫人玛丽·蒙塔古在写给友人的信件中也抱怨"泛滥的英国游客甚至搅乱了这次(威尼斯)狂欢节"；17世纪晚期，一名传教士途经狂欢节期间的威尼斯，也在其游记中写道："成千上万的外国人和妓女涌入威尼斯……我还得知，在上一次的狂欢节中，有七位来自不同国家的君主和超过三万外国人前来参观狂欢节的游行表演。"②

威尼斯狂欢节在近代早期的蓬勃发展，离不开共和国贵族政府的大力支持与管理。这一方面缘于这一时期受文艺复兴和人文主义思想的影响，意大利各城市均十分重视对城市空间环境和社会氛围的改善和美化，因为在这样一个"以貌取人"的社会，人们一般将个人乃至国家的外在风貌同内在的德行相联系。③ 相较于15世纪威尼斯对整个城市外在建筑的规划与修建，16、17世纪，威尼斯贵族政府更加重视对城市"软环境"，即社会公共生活的改善与发展。另一方面，为了树立威尼斯独立、自由、繁荣的国家形象，威尼斯贵族政府也不惜重金举办各项重大的公共节日庆典和仪式，以

---

① Pompeo G. Molmenti, *La Storia di Venezia nella Vita Privata dalle Origini alla Caduta della Repubblica* (3 vols., 2nd edition), Bergamo: Istituto italiano d'arti grafiche, 1912, vol. 1, pp. 55-84; Giustina R. Michiel, *Le Origine delle Feste Veneziane* (6 vols., 2nd edition), Milano: *Annali Universali delle Scienze e dell'Industria*, 1829, vol. 1, pp. 23-28.

② 参见 Peter Burke, *The Historical Anthropology of Early Modern Italy: Essays on Perception and Communication*, p. 189.

③ 参见[意]马基雅维利:《君主论》, 王水译, 上海: 上海三联书店, 2008年, 第92、93、117页。

此对广大民众进行政治和爱国主义情感的教育，以及向国外游客展示威尼斯的繁荣与强盛。这种心态在16世纪之后，表现得更为明显。对外商业贸易的衰退，① 使得贵族阶层更加重视国内盛大庆典的政治宣传作用。为此，威尼斯政府不惜重金，聘请提香、卡帕乔、丁托内托等艺术家为狂欢游行庆典设计彩车、舞台布景以及凯旋式的拱门；邀请维拉尔特(Wilaert)和加布里埃利(Gabrieli)制作庆典音乐，埃雷提诺创作颂文诗歌；并请著名的人文主义者为游行庆典设计主题和表演方案。②

威尼斯贵族政府对公共节日庆典的重视与支持，使狂欢节这类大众宗教节日的庆典活动也在一定程度上带有政治色彩。首先，追溯威尼斯狂欢节的历史可以发现，其从诞生之初，就与威尼斯共和国的发展紧密联系。据记载，威尼斯狂欢节最初是为了庆祝总督维塔雷·米歇尔二世(Vitale Michiel II)在镇压地区叛乱上所取得的胜利。1162年，米歇尔总督所率领的军队击败了阿奎雷亚(Aquileia)的主教特雷文的乌尔里希二世(Ulrich II of Treven)所领导的反叛军，并俘虏了主教及其12位福留里地区(Friuli)的封臣。在当时的教皇亚历山大三世的斡旋之下，威尼斯政府释放了这批叛乱人员，但提出他们必须在每年的"油腻的星期四"(Giovedì Grasso)向威尼斯总督进献礼物，包括一头牛、十二头猪以及三百份面包。③ 威尼

① 16世纪初，受新航路开辟和意大利战争等因素的影响，威尼斯在地中海的商业霸主地位受到了来自葡萄牙、西班牙和英国的威胁，威尼斯在欧洲的商业地位逐步下降，威尼斯共和国的发展从面向海洋转为面向大陆本土领地。参见D. S. Chambers, *The Imperial Age of Venice, 1380—1580*, London: Harcourt Brace Jovanovich. Inc., 1970, Ch. 5, pp. 187-194; Frederic C. Lane, *Venice: A Maritime Republic*, Baltimore&London: The Johns Hopkins University Press, 1973, Ch. 17, pp. 241-249.

② Edward Muir, "Images of Power: Art and Pageantry in Renaissance Venice", *American History Review*, Vol. 84, No. 1, 1979, p. 37.

③ Samuele Romanin, *Storia documentata di Venezia* (10 vols.), Venezia: P. Naratovich, 1860, vol. 9, p. 40; Giustina R. Michiel, *Le Origine delle Feste Veneziane* (6 vols., 2nd edition), Milano: *Annali Universali delle Scienze e dell'Industria*, 1829, vol. 2, pp. 37-41.

斯的这场胜利，以及每年从阿奎雷亚地区获得的贡品，使得这项庆祝传统在之后的狂欢节庆典中被保留下来。

其次，狂欢节期间，民众的庆祝活动与贵族政府的庆典仪式的混合。近代早期，威尼斯狂欢节最重要的庆祝活动，也是整个狂欢节的高潮是在“油腻的星期四”所举行的猪牛追逐和杀戮仪式(il zuoba di la caza)。在每年的这一天，不仅威尼斯的总督会在元老院成员和外国驻威尼斯的大使的陪同下，从总督府的阳台窗口观赏这场仪式表演，全城的民众也会聚集到城市广场的周围观看。根据13世纪威尼斯的编年史关于该仪式的记载，“狗在城市的各处追逐着这群猪(十二匹)和牛(一头)……当猪和牛被捕捉后会被带至总督面前，由一名屠夫砍下这些猪和牛的头在广场示众……总督然后将这些肉分给其他贵族”。① 这场血腥残忍的仪式主要由三部分组成：追猎——杀戮——分食，通过仪式的形式再现并庆祝威尼斯对阿奎雷亚那场战争的胜利。在这场仪式的过程中，围观的广大民众不仅追随着猎杀的队伍尽情嘲笑这些战败者的象征，也能在仪式后享受到贵族分给各个行会和兄弟会(Scuole)②的肉食，大吃一顿。狂欢节的肉欲享乐主题同贵族的政治教育和警示作用在这场杀戮仪式中巧妙地融合在了一起，使其成为威尼斯狂欢节中最受民众欢迎和贵族统治者重视的庆典仪式。尽管这项仪式因其血腥残忍，在近代早期遭到来自教会和贵族阶层内部的抨击和指责，但在16、17世纪的文献中仍然可以发现大量关于狂欢节杀戮猪牛仪式的记载。贵族桑努托的日记中甚至记载了在1510年，由于福留里地区被南

① Martino da Canale, *Les estoires de Venise: Cronaca veneziana in lingua francese dalle origini al 1275*, edited by Alberto Limentani, Firenze: L. S. Olschki, 1972, pp. 260f. 转引自 Peter Burke, *The Historical Anthropology of Early Modern Italy: Essays on Perception and Communication*, p. 184. 关于早期威尼斯狂欢节的牲畜追逐猎杀仪式，也可参见[意]卜伽丘：《十日谈》，方平、王科一译，上海：上海译文出版社，1988年第二版，第379~381页，第四天第二个故事。

② 兄弟会是近代早期威尼斯最重要的民间济贫组织，其人员覆盖面非常广泛。更多关于威尼斯兄弟会，参见 Brian Pullan, *Rich and Poor in Renaissance Venice: thesocial institutions of a Catholic State, to 1620*, Ch. 1.

下的法国军队所占领，无法按时进献牲畜贡品，威尼斯政府不得不通过购买相当数量的猪牛来维持这项狂欢节仪式的顺利进行。①

近代早期，威尼斯狂欢节的政治特点还表现在，青年贵族团体成为狂欢节各项庆典娱乐活动的组织和管理者。这一时期，威尼斯在狂欢节期间会举办大量的群众庆典和娱乐活动。这些庆典活动需要投入大量人力和物力进行准备，难以仅仅依靠民间大众团体或个人来组织，青年贵族们组成的"长袜子俱乐部"(compagnie della calza)②凭借其政治上的优势，成为狂欢节活动的组织者。这些贵族团体在狂欢节期间主要职责包括：为狂欢节的庆典活动提供资金资助，设计和安排庆典盛会的舞台和游行方式，以及在庆典活动期间巡查，防止可疑人员破坏游行庆典的表演。③"长袜子俱乐部"虽然是青年贵族之间组成的私人团体，但共和国的贵族政府在15世纪末期颁布了一系列旨在规范"长袜子俱乐部"管理的法令，使其成为在十人会议监管下的政治团体。④因此，通过"长袜子俱乐部"介入对威尼斯狂欢节的管理，反映了贵族政府希望规范私人和公共娱乐活动的决心。

近代早期，威尼斯狂欢节庆典仪式和活动中的政治色彩，使其从单纯的民众宗教节日转变成为威尼斯共和国社会公共生活的重要组成部分。贵族政府积极参与到狂欢节的组织和管理之中，为狂欢

---

① Patricia H. Labalme & Laura Sanguineti White (eds.), *Venice, Città Excelentissima: selections from the Renaissance Diaries of Marin Sanudo*, p. 518.

② "长袜子俱乐部"(*compagnie della calza*)是近代早期威尼斯社会重要的社会团体。它们最早出现于15世纪中期，由年轻的贵族男性成员组成。不同的俱乐部依靠所穿着的不同颜色的长筒袜来区分。据统计，在"长袜子俱乐部"活跃的15世纪中期至16世纪中期，共有至少43个不同的青年贵族俱乐部组织。Lionello Venturi, "Le Compagnie delle Calza(sec. XV-XVI)", *Nuovo Arichivio Veneto*, series 16, 1908, pp. 161-221.

③ Edward Muir, *Civic Ritual in Renaissance Venice*, p. 169.

④ "The Statutes of the Modesti, a Compagnie delle Calza, 1487", from BCV ms. Cicogna 3278, n. 24, ff, 25r-29r, in David Chambers & Brian Pullan (eds.), *Venice: a documentary history, 1450—1630*, Toronto: University of Toronto Press, 2001, pp. 377-379.

节在近代早期的发展提供了一个良好的社会环境。

二、威尼斯狂欢节的功能

通过上面的分析可以看出，威尼斯的贵族阶层不仅亲身参与各类狂欢节的娱乐活动，更以积极的态度介入对狂欢节的管理，使威尼斯的狂欢节在近代早期成为民众公共生活的重要内容。那么，为什么贵族政府会如此重视狂欢节及其庆典活动的管理呢？毫无疑问，这与狂欢节“颠倒了的世界”（Il mondo alla rovescia）这一主题有关。

13 世纪末，封闭的贵族阶层确立了对威尼斯共和国的统治，并逐渐形成金字塔形的等级社会结构。直至近代早期，威尼斯的社会等级制度仍然没有很大的变化。位于社会阶层顶端，人口不足威尼斯当时（16 世纪）总人口 5% 的贵族阶层（nobili）统治着占总人口数约 8% 的市民阶层（cittadini），以及占总人口绝大多数的平民工匠阶层（popolani）。① 各阶层的地位和权利不仅通过法律明文确定下来，更在日常的生活中通过职业、服饰、行为举止等方面严格的区分开来。② 威尼斯社会阶层之间的流动性不大，贵族阶层更是通过将家族合法子女在出生后登记在“黄金名册”（libro d'oro）上的做法，来保证了贵族阶层的纯粹度和排他性。③

近代早期，威尼斯的等级制度更趋森严。④ 在这种社会环境下，只有狂欢节给威尼斯的广大民众，包括贵族阶层，提供了一个

---

① 人口数量及比例，参见 David Chambers & Brian Pullan（eds.），*Venice, a Documentary History, 1450—1630*, p. 241.

② Dennis Romano, *Patricians and Popolani: the Social Foundations of the Venetian Renaissance State*, pp. 27-31.

③ A decree of the Council of Ten, 31 August 1506: ASV Compilazione delle Leggi, b. 294, in David Chambers & Brian Pullan（eds.），*Venice, a Documentary History, 1450—1630*, pp. 244-245.

④ 16 世纪初，在贵族阶层设立“黄金名册”之后，市民阶层也效仿设立“白银名册”（libro d'argento）来区分其他等级，各阶层间的流动和通婚被进一步的限制。参见 Frederic C. Lane, *Venice: a Maritime Republic*, p. 266.

“全体自由”，或者说“全体疯狂”机会。在这样一个“世界颠倒”的狂欢期间，平日的社会秩序被公然打破，人们说出平日不敢说的话，且不受惩罚。“狂欢节期间，任何地方都是无法无天”①。通常，威尼斯人会在狂欢期间装扮成与自己身份和地位截然不同的人。贵族桑努托就在其日记中多处记载了“有不少人装扮上(贵族专属)的深红色天鹅绒长袍，并戴有仿造总督袖套样式的装饰物和兜帽”，有些则“将金色的项链戴在脖子上，装扮成政府‘大总管’的样子”；平民妇女会在这几天装扮成贵族夫人，而贵族则将自己打扮成农民或者工匠。② 同时，他们不忘戴上各式的面具，隐藏自己的身份，走上街道参与民众游行，相互丢掷水果和鸡蛋来取乐。这些经过精心装饰的鸡蛋有些是充满了香水的“好鸡蛋”，但有些也是被灌满墨汁的“坏鸡蛋”。③ 除此之外，民众还可以在狂欢节期间在公共场所公然进行赌博和卖淫活动，这些行为在平日的社会生活中都是法律明文禁止。不仅如此，狂欢节期间还会上演各种舞台剧，其中一些剧目充满了色情意味，而另一些则在表演中公开攻击威尼斯的贵族政府，甚至威尼斯人的宗教虔诚。④

威尼斯狂欢节对常态社会秩序的颠覆和破坏，不仅为所有参与者提供了一种“平等、自由”的环境，更使得他们获得了某种无法

---

① Edward Muir, *Civic Ritual in Renaissance*, p. 156.

② Patricia H. Labalme & Laura Sanguineti White (eds.), *Venice, Città Excelentissima: selections from the Renaissance Diaries of Marin Sanudo*, pp. 515-517; Peter Burke, *The Historical Anthropology of Early Modern Italy: Essays on Perception and Communication*, p. 186.

③ P. Skippon, “A Account of a Journey”, in A. and J. Churchill (eds.), *A Collection of Voyages and Travels* (6 vols.), London: J. Walthoe, 1732, p. 506. 转引自 Peter Burke, *The Historical Anthropology of Early Modern Italy: Essays on Perception and Communication*, p. 186.

④ *I Diarii di Marin Sanudo*, xxxvii, cols 559-560, 9 February 1525, in David Chambers & Brian Pullan (eds.), *Venice, a Documentary History, 1450—1630*, p. 380; Linda Carroll, “Carnival Rites as Vehicles of Protest in Renaissance Venice”, *The Sixteenth Century Journal*, Vol. 16, No. 4, pp. 487-502; Edward Muir, *Civic Ritual in Renaissance Venice*, p. 174.

无天的“权力”。正如16世纪流行的剧目中演唱的那样：“狂欢节使我变得强大。”①那么，将“威尼斯神话”作为政治宣传，以维护寡头统治为己任的贵族政府，他们为何能够允许这种“混乱颠倒的世界”定期在威尼斯上演呢?

一方面这反映了贵族政府富有弹性的统治艺术——在森严的等级制度之外开了一扇“平等的窗”。17世纪末，一位法国传教士在亲历了威尼斯狂欢节后，在其游记中写道：“我认为这些贵族虽然不喜欢(狂欢节)，但他们很高兴找到了这样一种取悦和娱乐民众的方法。”②他的这一观点也得到英国游客的附议：“意大利人所做的这一切都是得到允许的。(因为)只有这样，才能给整整压抑了一年，而且随时会被重负和忧郁窒息的人们一个出气孔。”③时人的这种“安全阀”理论也被后世学者所肯定。文化人类学家维克多·特内(Victor Turner)认为狂欢活动中的那些荒唐、矛盾以及非法的行为，为被等级制度所约束的个人提供了一个情感释放和宣泄的途径。同时，他进一步指出，狂欢节那些与平日不同的行为活动，更是从一个反面印证了等级社会的可预测性和永恒；而社会下层民众对上层社会行为戏谑式的模仿，则更加证明了等级社会关系的稳定性与合理性。④

另一方面，这也与近代早期威尼斯的狂欢节始终“狂而不乱”有关。暴力是欧洲狂欢节中的一个重要主题，无论是仪式暴力(如威尼斯的猪牛追逐杀戮仪式，佛罗伦萨的比武竞技仪式等)，还是口头暴力(如上演带有谩骂或淫秽语句的戏剧，举行抗议示威的游

---

① Andrea Calmo, *Opere Diverse*, Venezia: Zanetti, 1600, 转引自 Peter Burke, *The Historical Anthropology of Early Modern Italy: Essays on Perception and Communication*, p. 187.

② Peter Burke, *The Historical Anthropology of Early Modern Italy: Essays on Perception and Communication*, p. 183.

③ Richard Lassels, *The Voyage OfItaly, Or A Compleat Journey through Italy*(2 vols.), London: Starkey, 1670, vol. 1, p. 188.

④ Victor Turner, *The Ritual Process: Structure and Anti-Structure*, with a Forward by Roger D. Abrahams, New York: Aldine de Gruyter, 1997, pp. 176-177.

行等)都容易在超过一定限度后，转变为事实的暴力。特别是近代早期，欧洲正处于从传统向近代社会过渡的时期，社会各阶层利益的矛盾和冲突极易在狂欢节这个社会秩序失常的时期爆发出来，形成暴力事件。如1513年，德国波恩的狂欢节就最终演变成了一场农民暴动；法国的罗曼地区就在1580年的狂欢节爆发了城市富人与乡村农民之间的暴力屠杀；1630年第戎的狂欢节成为一场由酿酒者领导的骚乱。① 而威尼斯的狂欢节则是一个例外，不管是翻阅当时的政府报告、贵族日记，还是各类游记，都没有发现其爆发大规模暴力冲突的记载。甚至在16世纪初，威尼斯因受战争打击和经济衰退，国内政局动荡不安，狂欢节的活动仍能如常顺利进行。②

威尼斯狂欢节"颠覆世界"的主题，使得威尼斯贵族政府必须对其小心控制；而它消除社会阶层矛盾压力的"安全阀"功能，又使得贵族统治者乐于对其进行管理，引导民众情绪的合理抒发。因此，近代早期，威尼斯贵族政府对狂欢节加强控制与管理成为一种必然。

三、贵族政府管理狂欢节的原因与措施

从上述分析中可以看出，威尼斯狂欢节的特点及其功能是贵族政府对其进行引导和管理的重要原因。但这还不足以解释威尼斯贵族政府在近代早期加强对狂欢节管理与改革的内在动力。因此，有必要将狂欢节问题放到更为广阔的宗教和社会文化背景中去考察。

16世纪，针对这一时期欧洲的宗教改革运动，罗马天主教内部也掀起了一场"天主教改革"运动(Catholic Reform)。③ 虽然天主

---

① Peter Burke, *Popular Culture in Early Modern Europe*, p. 204.

② Patricia H. Labalme & Laura Sanguineti White (eds.), *Venice, Città Excelentissima: selections from the Renaissance Diaries of Marin Sanudo*, p. 518.

③ 天主教改革运动一方面为了革除罗马教会的旧习，重新树立天主教会的声誉和形象；另一方面也是为了回应和反击这一时期的宗教改革运动，因此新教改革人士也将这场运动称之为"反宗教改革"运动(Counter-Reformation)。参见Berard L. Marthaler&David McGonagle (eds.), *The New Catholic Encyclopedia* (2nd edition, 15 vols.), Detroit: Gale, 2003, vol. 3. pp. 232-236.

教改革人士在《圣经》教义、宗教仪式和教会体制等方面同新教改革家有着诸多的分歧与斗争，但在对待传统的大众宗教节日上，他们却用极为相似的语言进行谴责与抨击，只是在原因和程度上有所区别。新教改革者出于对罗马天主教仪式的敌意，认为应当将宗教节日与传统的节日仪式一并废除，不仅要取消狂欢节，也反对大斋节。而天主教改革者则相对温和，仅希望取消世俗性质的庆祝活动，避免这些活动亵渎宗教节日的神圣性。天主教改革的这一情绪反映到改革的行动中，一个很重要的方面就是对传统习俗活动的批判与打击，“净化”民众文化娱乐生活。狂欢节一类的民众宗教节日也因此成为这一时期宗教改革针对的主要目标之一。

宗教改革家们反对狂欢节的原因主要有三点：第一，狂欢节中保留的各种传统仪式习俗，如对非基督神灵的圣像崇拜等，在宗教改革人士看来，带有古代异端的痕迹①。伊拉斯谟就在目睹了1509年锡耶纳的狂欢节后，将其称之为“非基督教”的狂欢节。② 在改革家们看来，这种“异教徒”性质的狂欢习俗如魔鬼般丑恶，必须加以消灭。第二，狂欢节中暴露出的各种道德问题，也成为宗教改革人士谴责的对象。他们将狂欢节视为纵容各种罪恶的场所，豪吃狂饮，放纵肉欲，以及各类具有性意味的仪式表演和色情意味的娱乐活动，违反了《圣经》中对基督徒的要求，犯下了酗酒、贪食、好色等“罪孽”(Sin)，使狂欢节作为宗教节日的“纯洁性”打了折扣。1567年的狂欢节期间，基督修会的传教士罗伯特·贝拉米内(Robert Bellarmine)在威尼斯布道时，严厉地谴责狂欢节舞蹈和其他娱乐活动愚蠢与邪恶。③ 第三，针对狂欢节的“安全阀”功能，宗教改革家们也表达了不同的看法。他们认为，在经过放纵身心的狂欢节之后，人们很难遵守基督教的各项规诫，以虔诚之心来度过大斋期的苦修生活。因此，他们不仅要求取消狂欢节期间的一切非基

① 古希腊的酒神节和古罗马的农神节等都被基督教视为异教节日。

② Peter Burke, *Popular Culture in Early Modern Europe*, p. 209.

③ Peter Burke, *The Historical Anthropology of Early Modern Italy: Essays on Perception and Communication*, p. 187.

督徒的仪式和娱乐活动，还要求教会禁止牧师与修士参加狂欢节活动，也希望政府能够禁止平民装扮成教会人士。

16世纪，天主教改革运动对狂欢节的批判与指责，在一定程度上引起了威尼斯贵族统治阶层的共鸣。但他们所担心的并非狂欢节宗教性质的淡化，而是节日庆祝活动所引发的社会问题。

首先，天主教改革对于传统节日习俗的批判，在威尼斯也引发了一场关于狂欢节庆祝仪式的社会争论。狂欢节庆祝仪式的重头戏——猪牛追逐和杀戮的仪式，因其政治意味和社会影响，它的存废成为近代早期威尼斯社会争论的焦点。这一时期，该仪式不仅遭到了来自天主教会改革人士的批评，也引起了贵族阶层内部的非议。教会人士认为这种仪式过于残忍，与宗教节日的气氛不相符合；贵族阶层中也有人认为这种仪式过于的血腥暴力，不仅很难起到政治教育作用，还容易刺激市民在狂欢节期间的暴力情绪。因此，在1525年，以总督安德里亚·格里提(Andrea Gritti)为代表的改革派促使十人会议颁布了一项改革法令，对该仪式进行改革。法律规定，鉴于猪牛追逐和杀戮仪式过于血腥，在追逐过程中容易引发城市骚乱，故而(1)将追逐仪式改在特定的广场内部(一般是圣马可广场)进行；(2)将追逐的牲畜由过去的一头牛和12匹猪减少为一头牛；(3)杀戮的方式也由过去屠夫在广场中心砍下牲畜的首级示众，改为割下牛耳；(4)总督等贵族统治高层不必参与该仪式，杀戮仪式后的牲畜也交由兄弟会等民间团体组织分享给普通民众。①

从这项改革法令中可以看出，贵族政府一方面受天主教改革思想的影响，认识到传统习俗所带来的社会问题，但另一方面仍然因其政治意义而未将其取消。只是在这一过程中，追逐杀戮仪式改革者是贵族阶层，但通过改革，贵族本身则慢慢退出了这项传统的仪式活动。

其次，狂欢节“颠倒世界”的庆祝主题，使其成为暴力和各类犯罪滋生的场合，特别是威尼斯狂欢节特有的戴面具游行和化装舞

① Edward Muir, *Civic Ritual in Renaissance Venice*, p. 174.

会的节日传统，使得暴力犯罪成为近代早期威尼斯狂欢节一个突出的社会问题。如16世纪中期的游记中就有关于在“油腻的星期四”前夜死亡17人的记载。① 威尼斯贵族桑努托的日记里也记载了一件佩戴面具复仇凶杀的案件，由于凶手在刺杀了受害者后迅速混入了假面狂欢的游行队列之中，使得凶手迟迟难以被捕。② 不仅是暴力流血事件，狂欢节期间的性暴力犯罪也借由混乱的狂欢气氛以及对肉欲的放纵而出现犯罪率上升的情况。仅1401—1487年，以接收贵族女性闻名的修道院圣安杰洛·迪·康托塔(Sant' Angelo di Contorta)就发生了52起对修女性暴力犯罪的记录。其中贵族马可·波诺(Marco Bono)在狂欢节期间因嫉妒，报复杀害了他的“情人”修女菲利帕以及其他几名修女的流血事件震惊了整个威尼斯城。③

暴力犯罪事件造成的社会恐慌和秩序混乱是贵族政府所无法容忍的。因此，在16世纪20年代，威尼斯政府曾经出台相关法律，禁止市民佩戴面具参与狂欢节游行活动，同时也不再允许市民携带各类武器(特别是匕首)参与游行狂欢活动。④ 除此之外，威尼斯政府还在狂欢节期间增加了夜巡官(Singnore di Notte)数量，以及安全巡逻的时间，避免狂欢节暴力事件的升级和扩大化。⑤

除了上述社会暴力问题，由狂欢节引发的其他社会问题也是贵族政府采取措施，改革狂欢节庆祝活动的原因。狂欢节作为一项大众宗教节日，它的各项庆祝表演活动多是在城市的公共场所进行，面向的观众也以普通民众为主。因此，一方面，在公共场所开展的表演活动常常由于观赏人数的激增引发安全问题。桑努托的日记中

---

① Peter Burke, *The Historical Anthropology of Early Modern Italy: Essays on Perception and Communication*, p. 186.

② Edward Muir, *Civic Ritual in Renaissance Venice*, p. 176.

③ Guido Ruggiero, *The Boundaries of Eros: Sex Crime and Sexuality in Renaissance Venice*, New York&Oxford: Oxford University Press, 1985, pp. 77-78.

④ Edward Muir, *Civic Ritual in Renaissance Venice*, p. 176.

⑤ David Chambers & Brian Pullan (eds.), *Venice, a Documentary History, 1450—1630*, p. 73.

就出现了多次因为参观游行表演的人数过多，造成临时搭建的观礼台垮塌的失误，以及在燃放焰火表演时发生的火灾事故。① 另一方面，面向普通民众的戏剧和其他舞台表演，也因其内容和表演方式的粗俗和色情，遭到了来自贵族阶层的不满。如当时威尼斯著名的戏剧家卢赞特(Ruzzante)②在总督大厅的演出，就遭到了台下众多贵族呼喊“羞耻”的倒彩而不得不终止演出。③

为了避免上述安全事故的发生，威尼斯政府规定狂欢节期间，公共的娱乐庆祝活动不再搭设临时建筑，如观礼台和其他临时的舞台；同时，将庆祝活动严格限制在各个广场等大型的公众活动场所，不再举行全城的游行活动。而贵族也在这一过程中，逐步退出了这类大众的狂欢娱乐活动。贵族阶层开始在其府邸等私人场所，观赏更加高雅的艺术活动，如歌剧、芭蕾等表演。

威尼斯贵族阶层在近代早期的这种文化品位的转变，与欧洲这一时期“大众文化改革”④运动的发展相一致。这场运动的实质是将社会上层的精英文化同大众文化相分离。对于威尼斯的贵族阶层来说，文艺复兴时期的宫廷文化对他们的吸引力更大，为了学习更为“优雅”的礼仪和生活方式，他们开始退出大众文化活动。13 世纪时，威尼斯的总督还可以在总督府的窗口和阳台欣赏群众的狂欢和庆祝活动，但到了 16 世纪，这一情况不再发生。威尼斯的贵族们也会庆祝狂欢节，但他们的活动仅限于自身阶层之内。

因此，到了近代早期，威尼斯狂欢节仍然在继续蓬勃发展，但

---

① Patricia H. Labalme & Laura Sanguineti White (eds.), *Venice, Città Excelentissima: selections from the Renaissance Diaries of Marin Sanudo*, p. 514-518.

② 卢赞特(Ruzzante)，原名安杰洛·贝欧科(Angelo Beolco)，是 16 世纪上半叶威尼斯最著名的戏剧家和演员。他的戏剧多以帕多瓦方言写作而成，内容以帕多瓦乡村生活为主。因情节粗浅，多含色情意味的内容，收到普通民众的欢迎与喜爱。——笔者注

③ David Chambers & Brian Pullan (eds.), *Venice, a Documentary History, 1450—1630*, p. 380.

④ 这里借用的是彼得·伯克关于“大众文化改革”的阐述，详细参见 Peter Burke, *Popular Culture in Early Modern Europe*, Ch. 8.

它在宗教改革和社会文化转型的影响之下，由一项传统的大众宗教节日，转变为一场纯粹的民众狂欢。但在这一过程中，威尼斯的贵族统治者始终以政治教育和社会稳定和谐为出发点，对其进行严格的管理。

近代早期，威尼斯寡头统治的等级社会对贵族统治阶层的管理提出了很高的要求。为了维护其寡头统治秩序，他们一方面通过建立一套"完美"的政治体制，树立平等、公正的统治形象；① 另一方面，通过吸收市民阶层进入贵族政府工作，在民众组织(如"大兄弟会")中建立"类政府"的管理体制，来增强社会民众的政治生活参与感。② 同时，通过修建大型的公共活动场所，美化城市公共环境，以及在各种节日期间举办大型的公共仪式和游行庆典活动等方式，为各个阶层民众参与社会公共生活提供场所与条件，以此来培养民众的城市认同感。③ 因此，从威尼斯狂欢节在近代早期的这种变化，也可以看出威尼斯贵族统治阶层在管理和发展过程中的弹性和适应能力。

本章小结

16 世纪威尼斯共和国所遇到的社会危机，在一定程度上打破了威尼斯长期平静与稳定的社会局面。威尼斯的贵族统治阶层对于

---

① 关于威尼斯"完美"政治体制，参见 Gasparo Contarini, *The Commonwealth and Government of Venice*, trans. by Lewes Lewkenor, London: John Windet, 1599; Robert Finlay, *Politics in Renaissance Venice*, London: Ernest Benn Ltd., 1980

② 关于"大兄弟会""类政府"的管理体制和机构，参见 Brian Pullan, *Rich and Poor in Renaissance Venice*, pp. 64-70.

③ 关于威尼斯民众认同感，参见 Edward Muir & Ronald F. E. Weissman, "Social and symbolic places in Renaissance Venice and Florence", in *The Power of Place: Bring together geographical and sociological imaginations*, John A. Agnew & James S. Duncan (eds.), Boston: Unwin Hyman, 1989, 81-100; Edward Muir, "Images of Power: Art and Pageantry in Renaissance Venice", *American History Review*, Vol. 84, No. 1, 1979, pp. 16-52.

维护城市的稳定与和谐，历来较为重视，其原因无外乎是为了稳固其贵族的寡头统治。因此，在面对这一时期因战争、饥荒和瘟疫而产生的社会贫困问题时，威尼斯政府采取了较为积极的应对措施。它不仅通过颁布济贫法令的手段，来树立这一时期的济贫原则和措施；还通过改革“大兄弟会”等传统宗教慈善组织的济贫方式和组织形式，来继续鼓励和推动其在社会济贫中发挥作用。威尼斯贵族政府的这套济贫应对政策与措施，不仅有效地缓解了威尼斯社会的贫困问题，而且使其社会经济在 16 世纪并没有出现明显的衰退迹象。

威尼斯社会在 16 世纪能够实现平稳的过渡，除了在于其贵族政府解决问题和克服危机的能力与措施之外，还在于其对社会环境和城市空间的有效控制与管理。威尼斯的贵族政府通过诸如推行公共仪式和改革传统宗教节日等手段，对城市的广场、街道、剧院等公共空间进行控制和管理。通过这些手段，威尼斯的贵族政府对整个社会环境的控制力增强，使其能对社会问题和危机的出现做出有效而快速的反映。同时，威尼斯的贵族寡头统治者们对城市公共空间和公共庆典节日的重视，一方面是源于威尼斯城独特的城市环境和社会传统，另一方面也培养了共和国民众的忠诚度与责任感。

威尼斯贵族政治对整个城市的有效管理，不仅是建立在对社会传统习惯和方式的尊重与继承之上，更重要的是，它在继承传统的同时，更适应环境和时代的变化，对统治方式和手段进行改革和调整，使威尼斯共和国成功地克服了 16 世纪经济和战争危机给社会生活所带来的破坏性影响，维护并保持了整个社会的稳定与和谐，避免了共和国社会出现更为严重的暴动与混乱。

结　语

近代早期，威尼斯共和国在经济、政治和社会生活方面遇到了诸多的困难与危机。但通过前文的研究，我们可以发现，威尼斯共和国在这一时期不仅没有同其他的意大利城市国家那样走向覆灭，反而在其贵族政府的领导下克服了上述的危机和困难，继续以独立的城市共和国的姿态在近代民族国家的环视中发展，并以其稳定和谐的社会局面赢得了欧洲其他国家的尊重与赞扬。通过研究，笔者认为，威尼斯共和国在这一时期的成功发展与其贵族政府的有效控制和管理紧密相连，同时，贵族政治也在这一过程中实现了自我的调整与发展。

近代早期，面对来自外部和社会内部的压力与挑战，威尼斯的贵族政治在保留传统的统治原则和政治体制的基础上，通过调整自身的统治方式和政策，对整个国家及其社会生活实行了有效的管理。威尼斯贵族政治的成功，不仅是建立在对社会传统习惯和方式的尊重与继承之上，更重要的是，它在继承传统的同时，更适应环境和时代的变化，对统治方式和手段进行改革和调整，使威尼斯共和国成功地克服了这一时期经济和战争危机给社会生活所带来的破坏性影响，维护并保持了整个社会的稳定与和谐，避免了威尼斯社会出现动荡与混乱局面，更使共和国免于被颠覆和吞并的命运。而威尼斯的这套确立于13世纪末的贵族政治体制，也经受住了这一时期共和国社会危机的考验，在保持其基本政体结构和统治原则的基础上实现了自我完善和发展。它的这种政治模式对后世其他国家进行政体规划提供了一种有益的参考。无论是15世纪的佛罗伦萨，17世纪的英国和荷兰，还是18世纪的美国，都能在其政治体制设计中看到威尼斯"混合式"的贵族政治中分权制衡的影子。可以说威尼斯作为共和制国家的典范，堪称"欧洲政治教育的启蒙"。①

同时，在对转型时期威尼斯贵族政治的研究中，通过对其政治体制、统治方式以及在管理社会经济与生活方面的考察，可以很明显地看出其贵族统治的特性，即努力维护其"少数人"对整个社会的有效统治，并将共和国社会的繁荣与稳定作为实现这一统治的基础。威尼斯，这个从中世纪城市发展而来的共和国，在其贵族统治阶层的领导下，不仅成功克服了近代早期的普遍危机，同时，也并没有完全地抛弃传统的习俗与观念，成为欧洲在近代早期仅存的城市共和国，并一直稳定地发展至18世纪末期(1797年)才被拿破仑所灭亡。传统观点认为，近代早期的欧洲社会在由中世纪向近代、由封建主义向资本主义转型的过程中，普遍经历了一场"断裂式"的革命，即从思想观念和行为方式上对传统社会的原则与习惯的否定与扬弃，如西北欧在这一时期所经历的宗教改革与社会暴力革命等。但根据本书对威尼斯贵族政治及其社会发展的研究来看，威尼斯共和国在这一时期的发展，证明了传统社会的近代化转型也可以是平稳且具有延续性的，并非一概地对传统的否定，也不一定必须经历暴力革命、打破旧有格局才能实现。欧洲社会由传统向近代转型的过程，是一个非常复杂的问题，不仅各个地区之间存在着差异，不同的思想观念和政治习俗也会造成不同的情况，因此不能一概而论，而要进行具体的分析。只有这样才能对近代早期欧洲社会的转型发展有更为深刻的认识。

---

① William Bouwsma, "Venice and the Political Education of Europe", in J. R. Hale (ed.), *Renaissance Venice*, pp. 445-446.

附　录

一、威尼斯共和国大事年表①

568 年　伦巴第人入侵意大利

697 年　威尼斯选举产生第一位总督

1000 年　成功获得达尔马提亚海域（Dalmatia）的控制权

1082 年　拜占庭帝国授予威尼斯商业贸易特权，以换取在与诺曼人的战争中威尼斯对其的海上支援

1172—1178 年　塞巴斯蒂亚诺·詹尼总督（Sabastiano Ziani）作为中间人斡旋调解教皇和神圣罗马帝国皇帝的矛盾。公社会议成为威尼斯最高行政机关

① 资料来源：Frederic C. Lane，*Venice：a Maritime Republic*；Elizabeth S. Cohen & Thomas Cohen，*Daily Life in Renaissance Italy*；［美］玛格丽特·L. 金：《欧洲文艺复兴（插图本）》。

1253—1268 年	第一次热那亚战争
1289 年	第二次热那亚战争
1297 年	关闭大议会(Serrata)
1310 年	提耶波罗—奎里尼(Tiepolo—Querini)阴谋被镇压，十人会议建立
1323 年	大议会成员身份被确认为世袭制
1343—1354 年	第三次热那亚战争，达尔马提亚沦陷
1347—1349 年	大瘟疫，黑死病第一次爆发
1378—1381 年	基奥贾(Chioggia)战争
1404—1406 年	威尼斯向大陆本土扩张，维琴查(Vicenza)、维罗纳(Verona)和帕多瓦(Padua)接受威尼斯的统治
1414—1423 年	控制威内托(Veneto)和弗留里(Friuli)两地，收复达尔马提亚地区
1425—1430 年	为争夺东地中海商业贸易控制权，威尼斯与土耳其持续交战
1454 年	意大利各城邦签署洛迪和约(Peace of Lodi)
1494 年	法国查理九世率兵入侵意大利
1501—1521 年	坎布雷战争，阿纳迪洛战役溃败(1509 年 5 月 14 日)
1503 年	与土耳其人签订和平协议
1516 年	威尼斯再次允许犹太人入境，犹太人隔离区(*ghetto*)建立
1517 年	威尼斯收复其于 1509 年战败后沦陷的大陆领土

1527—1528 年 粮食短缺，饥荒

1571 年 勒旁陀(Lepanto)战争，土耳其舰队溃败

1575—1577 年 大瘟疫

1582 年 限制十人会议的权力

1602 年 重申外国商船运输禁令

1606—1612 年 反抗教皇禁行圣事令(Papal Interdict)

1628 年 十人会议权力得到恢复

1630—1631 年 曼图亚继承权战争；大瘟疫

1684—1699 年 克里特(Crete)战争

1763 年 与 Barbary 国家签订条约换取商业援助

1797 年 5 月，在拿破仑的命令下大议会自行解散
10 月：根据 Campo Formio 条约，拿破仑将威尼斯割让给奥地利。

二、威尼斯共和国历任总督及任期①

公元 7 世纪
Anafesto，Paolo Lucio(697—717)

公元 8 世纪
Tegalliano，Marcello(717—726)

Ipato，Orso(726—737)被暗杀，可能为拉文纳 Exarch Eutychius 唆使煽动所致

短暂空位期(737—742)

Ipato，Teodato(742—755)被罢免，刺瞎并流放

---

① 资料来源：D. S. Chambers，*The Imperial Age of Venice*，1380—1580；Patricia H. Labalme &Laura Sanguineti White (eds.)，*Venice*：*Cità Excelentissima*，*Selections from the Renaissance Diaries of Marin Sanudo*.

Gaulo，Galla(755—756)被罢免，刺瞎并流放

Monegario，Domenico(756—764)被罢免，刺瞎并流放

Galbaio，Maurizio(764—787)

Galbaio，Giovanni(787—804) 803 年与家族一同逃亡曼图亚

公元 9 世纪

Antenoreo，Obelerio(804—811)被流放，后尝试复辟政权，失败后被杀害，首级悬于里亚尔托市场示众

Participazio，Angelo(811—827)被其长子 Giustiniano 强制流放至 Zara

Participazio，Giustiniano(827—829)

Participazio，Giovanni I(829—837)被逮捕，剃度为僧侣

Tradonico，Pietro(837—864)被暗杀，凶手被继任总督逮捕并审判

Participazio，Orso I(864—881)

Participazio，Giovanni II(881—887)因身体原因辞去职位

Candiano，Pietro I(887—888)在入侵 Narentine 的战争中战死沙场

Tribuno，Pietro(888—912)

公元 10 世纪

Participazio，Orso II(912—932)

Candiano，Pietro II(932—939)

Participazio，Pietro(939—942)

Candiano，Pietro III(942—959)

Candiano，Pietro IV(959—976)威尼斯人民将其与其子锁在失火的总督府内

Orseolo，Pietro I(976—978)辞去职位，去 Pyrenees 的 Sant Miguel de Cuxa 修道院做了一名 Camaldolese 隐士

Candiano，Vitale(978—979)

Memmo，Tribuno(979—991)

Orseolo，Pietro II(991—1009)将其大部分财产捐赠给了穷人和教会，然后退隐到修道院

公元 11 世纪

Orseolo，Otto(1009—1026)被逮捕，削去胡子，并因任人唯亲的缘故被禁止进入君士坦丁堡；是匈牙利国王 Pter Urseolo 的父亲

Barbolano，Pietro(1026—1032)在前任总督 Otto Orseolo 重返威尼斯的强大压力下被迫逊位

Flabanico，Domenico(1032—1043)

Contarini，Domenico(1043—1071)

Selvo，Domenico(1071—1084)因海上战争失利而被罢免退居修道院

Faliero，Vitale(1084—1096)

Michiel，Vitale I(1096—1102)

公元 12 世纪

Faliero，Ordelafo(1102—1117)

Michele，Domenico(1117—1130)

Polani，Pietro(1130—1148)

Morosini，Domenico(1148—1156)

Michele，Vital II(1156—1172)

Ziani，Sebastiano(1172—1178)

Mastropiero，Orio(1178—1192)

Dandolo，Enrico(1192—1205)

公元 13 世纪

Ziani，Pietro(1205—1229)

Tiepolo，Jacopo(1229—1249)

Morosini，Marino(1249—1252)

Zeno，Reniero(1252—1268)

Tiepolo，Lorenzo(1268—1275)

Contarini，Jacopo（1275—1280）
Dandolo，Giovanni（1280—1289）
Gradenigo，Pietro（1289—1311）

公元 14 世纪
Zorzi，Marino（1311—1312）
Soranzo，Giovanni（1312—1328）
Dandolo，Francesco（1328—1339）
Gradenigo，Bartolomeo（1339—1342）
Dandolo，Andrea（1342—1354）
Faliero，Marino（1354—1355）因叛国罪被处决
Gradenigo，Giovanni（1355—1356）
Dolfin，Giovanni（1356—1361）
Celsi，Lorenzo（1361—1365）
Cornaro，Marco（1365—1367）
Contarini，Andrea（1367—1382）
Morosini，Michele（1382—1382）
Steno，Michele（1400—1413）

公元 15 世纪
Mocenigo，Tommaso（1413—1423）
Foscari，Francesco（1423—1457）在十人会议的压力下被迫逊位
Malipiero，Pasquale（1457—1462）
Moro，Cristoforo（1462—1471）
Tron，Nicolo（1471—1473）
Marcello，Nicolo（1473—1474）
Mocenigo，Pietro（1474—1476）
Vendramin，Andrea（1476—1478）
Mocenigo，Giovanni（1478—1485）
Barbarigo，Marco（1485—1486）
Barbarigo，Agostino（1486—1501）

公元 16 世纪

Loredan, Leonardo(1501—1521)

Grimani, Antonio(1521—1523)

Gritti, Andrea(1523—1538)

Lando, Pietro(1538—1545)

Donato, Francesco(1545—1553)

Trivisan, Marcantonio(1553—1554)

Venier, Francesco(1554—1556)

Priuli, Lorenzo(1556—1559)

Priuli, Girolamo(1559—1567)

Loredan, Pietro(1567—1570)

Mocenigo, Alvise I(1570—1577)

Venier, Sebastiano(1577—1578)

da Ponte, Nicolò(1578—1585)

Cicogna, Pasqual(1585—1595)

Grimani, Marino(1595—1606)

公元 17 世纪

Donato, Leonardo(1606—1612)

Memmo, Marcantonio(1612—1615)

Bembo, Giovanni(1615—1618)

Donato, Nicolò(1618—1618)

Priuli, Antonio(1618—1623)

Contarini, Francesco(1623—1624)

Cornaro, Giovanni I(1624—1630)

Contarini, Nicolò(1630—1631)

Erizzo, Francesco(1631—1646)

Molin, Francesco(1646—1655)

Contarini, Carlo(1655—1656)

Cornaro, Francesco(1656—1656)

Valiero, Bertuccio(1656—1658)

Pesaro，Giovanni(1658—1659)
Contarini，Domenico II(1659—1674)
Sagredo，Nicolò(1674—1676)
Contarini，Alvise(1676—1683)
Giustinian，Marcantonio(1683—1688)
Morosini，Francesco(1688—1694)
Valiero，Silvestro(1694—1700)
Mocenigo，Alvise II(1700—1709)

公元18世纪
Cornaro，Giovanni II(1709—1722)
Mocenigo，Sebastiano(1722—1732)
Ruzzini，Carlo(1732—1735)
Pisani，Alvise(1735—1741)
Grimani，Pietro(1741—1752)
Loredan，Francesco(1752—1762)
Foscarini，Marco(1762—1763)
Mocenigo，Alvise Giovanni(1763—1779)
Renier，Paolo(1779—1789)
Manin，Ludovico(1789—1797)在拿破仑的压力下被迫逊位

三、威尼斯贵族政治术语与专有名词释义①

1. auditori nuovi：地方监察法官，在整个威尼斯共和国领土内巡查，受理上诉和对威尼斯政府官员进行司法宣判。
2. auditori vecchi：威尼斯及其领地(海)法庭与特别上诉法庭之间的调解人。
3. avocato di presonieri：四十人刑事法院里的被告辩护律师。

---

① 资料来源：Robert Finlay, *Politics in Renaissance Venice*; Donald E. Queller, *the Venetian Patriciate: Reality versus Myth*; David Chambers & Brian Pullan(eds.), *Venice: a Documentary History*, 1450—1630.

4. avocati pizoli：在最高特别法庭前允许并参与申诉的年轻贵族。
5. avogadori di comun：三名政府的法律代理人，职责包括：参加重要政府官员举行的每次会议，并有权中止合法性受到质疑的审议；保管贵族和市民的登记簿；向司法官员分派法律案件。
6. bailo：威尼斯共和国驻君士坦丁堡苏丹国的永久代表。
7. ballotini：负责投票箱的职员，在大议会期间带着投票箱在会场内游走，接受每位与会贵族的投票。
8. Camera degli Imprestidi：借贷部门
9. camerlengo：陪同威尼斯政府官员在附属领地征收赋税和支付财政收入。
10. capi：行政官员的首领，一般多指十人会议或四十人法庭。
11. capitanio：附属城市的军事官员。
12. Cattavere：三名负责监管国库的官员，同时对犹太人具有司法权。
13. Cinque Savi alla Mercanzia：创建于1506年的五人小组，用以研究解决地理大发现后商贸衰退的问题。
14. Cinque Savi alla Pace：五名负责协调公共安全事务的官员。
15. Collegio：筹划指导委员会，也可以看做元老院的内阁机构。在桑努托的日记中一般指代 Pien 委员会，由总督、总督委员会委员、四十人法庭首领以及内政、行省、立法官员组成。它是主要的行政委员会，拥有咨询、审议和司法职能，为元老院立法做必要的准备和介绍。
16. Collegio alla Biave：上诉法庭。其最初的职能是监管公共谷物供应。
17. consoli dei mercanti：在处理以下商贸争端上拥有行政和司法权力的官员，包括海事事务、破产、汇率、私人银行、保险合同、经纪业务费用以及羊毛商品、丝织品和肥皂的生产。
18. councilors：六名总督委员会委员，最高行政机构成员。每名委员分别代表威尼斯城的一块行政区(sestiere)。
19. Council of Ten：最高一级的政府机构。由10名贵族成员加上总督及其6名总督委员会委员构成，所以实际上十人会议的成员有 17 名。该机构一般单独开会或与其附属委员会(zonta)15 名成员一起开会。

20. decimal：从 1463 年开始在威尼斯城设立的直接税。

21. doge：威尼斯政府名义上和礼仪上的首领。在桑努托的日记里也被称为“无上安详者”(Serenissimo)或者“国王”(Principe)。称呼总督为“无上安详的国王”(Serenissimo Principe)，是为了将其地位置于其他城市国家统治者之上，如米兰公爵或费拉拉公爵。

22. executori：政府特派员。其职责在 1537 年设立之初为负责消灭渎神者，后来又被赋予了对印刷业和非基督徒的司法权。

23. giudici del piovego：对侵占公共街道和水道的人以及将公共财产据为己有的人拥有司法权的法官。他们的职责包括强制推行房屋建筑条件标准，监督运河河道疏浚，调查可疑案件和高利贷合同。另外，房屋置换，维修街道，维护运河畅通，纠察侵占公共土地和水源及放高利贷等也在其职权范围之内。

24. Giudici del Proprio：威尼斯最古老的法庭之一。对嫁妆的赔偿、未留遗嘱的继承权、兄弟分家和财产代理等问题拥有司法权。

25. Giudici di Petizion：对涉及 50 杜卡特及以下的诉讼案件进行审理的法庭。

26. governadori dell' intrade：监督商品税收征收的官员，同时也负责监管背叛国家或国资债务人的财产变卖程序。

27. Monte：三种威尼斯共和国固定债务之一(老国债[Monte Vecchio]，新国债[Monte Nuovo]和最新的国债[Monte Nuovissimo])，是国家征收的强制贷款。这种贷款有利息，可买卖、赠与和转让。

28. patroni：船主。通常为在公开拍卖中租用战舰的商人。

29. patroni al Arsenal：造船厂的首领。

30. podestà：平民统治者。

31. Procuratie：环绕圣马可广场的监察官办公楼及驻地。

32. procurators of San Marco：负责城市内几处区域信托管理的终身制官员，同时监管圣马可教堂的牧师以及财务和维修事务。他们的职责还包括管理遗嘱，充当未成年人和精神失常者的监护人。一般来讲，这样的检察官有9名，3名(*de citra*)负责大运河右岸的信托管理，3名(*de ultra*)负责大运河左岸的信托管理，3名(*de sopra*)负责圣马可大教堂及其财产的管理。总督一般在这一级别的监察官中产生。1525年总共有22名监察官。这一职位在坎布雷战争期间曾被标价出售。

33. promissione ducale：规定总督职位权威的条例，每位当选的总督都必须诵念此条例发誓遵从。
34. proveditor：政府特派员。由政府指派的一名贵族担任，负责监督军事、民事或商业活动。
35. proveditori di Sal：掌管盐业部门的官员。负责监督海盐的生产和销售活动。这部分收入是共和国非常重要的流动资金来源。
36. proveditor sora i danari：金融管理者。
37. Quarantia Civile Nuovo：四十人新民事上诉法庭。威尼斯城外民事案件的最高上诉法庭，其法官在任职满8个月后将赴老民事诉讼法庭就职。
38. Quarantia Civile Vecchia：四十人老民事上诉法庭。威尼斯城内民事案件的最高上诉法庭，其法官在任职满8个月后将赴新民事诉讼法庭就职并成为拥有投票权的元老院成员。
39. Quarantia Criminal：最高刑事上诉法庭，并负责起草法律法规。最高刑事法庭的法官享受固定薪俸，但必须拥有在新民事上诉法庭和老民事上诉法庭工作的经历。他们都是拥有投票权的元老院成员，当他们结成一伙，一般代表的是贵族中不那么富裕的重要成员。他们的三位首领(capi)同总督及其六名委员组成最高行政机构。
40. Raxon Nuove：成立于1390年的部门，接管部分老财务部的职能。监督驻外使节的财务状况，监管军队首领、其他军事部门和海事部门的账目。
41. Raxon Vecchie：监管威尼斯大陆本土政府、Dogado以及“海上国家”(stato da Mar)的财政收入状况的老财务部门。他同时还负责管理公共节日和庆典的开支。

42. relazione：威尼斯公使向政府提交的长篇报告。根据规定，该报告必须包括他对出使国政治和经济实力的评价和看法，以及该国领导人的性格等内容。

43. rito：十人会议秘密且反应迅速的处理程序。

44. Savi ai ordeni：筹划指导委员会最重要的二级机构，这一机构的五名贵族成员负责与共和国领土内任何依靠水路通行的地区相关的事务。该机构同时负责海军的供给和海外贸易

45. Savi da Mar：见 Savi ai ordeni 词条。

46. Savi di Consiglio：由六名贵族成员组成的该机构是筹划指导委员会最有威望和权力的分支机构。该机构实质上负责任何法律法规的建议起草工作。

47. Savi di Terraferma：由五名贵族成员组成的该机构主要负责共和国大陆领土的相关事务。

48. Savi Grandi：见 Savi di Consiglio 词条。

49. Serenissimo：见 doge 词条。

50. Signoria：由总督、六名总督委员会成员和三名四十人法庭首领组成的机构。它是威尼斯共和国最高行政执行机构，特别是涉及外交和战争事务。同时，它也受理听审特别的上诉和请愿书。

51. signori di notte：夜巡官。

52. sopracomito：战舰的指挥官。

53. sopragastaldi：负责对威尼斯官员进行民事审判和裁决的机构，同时负责监视所有官员之间的书信往来。

54. Ufficio al Sal：成立于1428 年的政府机构，负责规范食盐的供给工作。

55. zonta：一些特殊会议的附属机构，如元老院和十人会议。

主要参考文献

一、原始材料(Printed Primary Sources)

1. Archivio di Stato di Venezia(ed.), *Il Regio Archivio Generale di Venezia*, Venezia: Prem. Stabil. Tip. Di Pietro Naratovich, 1873.
2. Bellondi, Vingenzo(ed.), *Documenti e Aneddoti di Storia Veneziana* (810-1854) *tratti dall'archivio de' Frari*, Firenze: Deposito Presso Bernardo Seeber, 1902.
3. Bembo, Pietro, *History of Venice*(3 vols.), edited and trans. By Robert W. Ulery, Jr., Massachusetts: Harvard University Press, 2007.
4. Botero, John, *The Cause of the Greatnesse of Cities: Three Books*, London: Tyger Head, 1635.
5. Brown, Rawdon(ed.), *L'archivio di Venezia con Riguardo Speciale alla Storia Inglese*, Venezia e Torino: G. Antonelli e L. Basadonna, 1865.
6. Cessi, Roberto (ed.), *Deliberazioni del Maggior Consiglio di*

Venezia(3 *vols.*), Bologna: N. Zanichelli, 1931-1950.

7. Chambers, David & Brian Pullan, *Venice: a Documentary History, 1450—1630*, Toronto: University of Toronto Press, 2001.

8. Commines, Philippe de, *The Memoirs* (2 vols.), S. Kinse (ed.), trans. I. Cazeaux, New York, 1969—1973。

9. Contarini, Gasparo, *The Commonwealth and Government of Venice*, trans. by Lewes Lewkenor, London: John Windet, 1599.

10. Contarini, Gasparo, *Della Republica et Magistrati di Venetia, Libri Cinque*, trans. By Nicolo Crasso, Venetia: Niccolò Pezzana, 1678.

11. Giannotti, Donato, *Libro de la Republica de Vinitiani.* Venice, 1564.

12. Giannotti, Donato, *La Repubblica Forentina e la Vneziana*, Venezia: Co' Tipi del Gondoliere, 1840.

13. Grubb, James S. (ed.), *Family Memoirs from Venice* (15th—17th *Centuries*), Viella, 2009.

14. Guicciardini, Francesco, *The History of Italy from the year 1490 to 1532 in twenty books*(10 vols.), trans. by Goddard, Austin Parke, London: John Towers, 1753.

15. Guicciardini, Francesco, *Storia d'Italia* (10 vols.), Giovanni Rosini ed., Parigi: Presso Baudry, 1832.

16. Houssaie, Amelott, *The History of the Government of Venice*, London: H. C. for John Starkey at the Miter in Fleetstreet, near Temple-Bar, 1677.

17. Howell, James, *S. P. Q. V.: a Survay of the Signorie of Venice, of her admired policy, and method of government*, etc.: With a cohortation to all Christian princes to resent her dangerous condition at present, London: Printed for Richard Lowndes at the White Lion in S. Pauls Churchyard, near the West end, 1651.

18. Labalme, Patricia H. & Laura Sanguineti White (eds.), Venice: *Cità Excelentissima, Selections from the Renaissance Diaries of Marin*

Sanudo, trans. By Linda L. Carroll, Baltimore: The Johns Hopkins University Press, 2008.

19. Malipiero, Domenico, Annali Veneti dall'anno 1457 al 1500, Firenze: Gio. Pietro Vieusseux, 1848.
20. Mutinelli, Fabio, *Annali urbani di Venezia dall'anno 810 al 12 maggio 1797*, Venezia: Tipografia di G. B. Merlo, 1841.
21. Navagero, Andrea, *Funeral Oration, Deliverd at Venice, on the Death of the Doge Leonardo Loredano*, trans. by Charles Kelsall, London: 1818.
22. Pasolini, Pietro Desiderio (ed.), *Delle Antiche Relazioni fra Venezia e Ravenna*, Firenze: Cio Tipi di M. Cellini, 1874.
23. Petrarch, Francesco, *Letters*, selected and trans. by Morris Bishop, Bloomington, Indiana, 1966.
24. Romanin, Samuele, *Storia Documentata di Venezia* (10 vols, 1st ed.), Venezia: Tipografia di Pietro Naratovich, 1853—1861.
25. Sanuto, Marino, *Cronachetta*, Rinaldo Fulin (ed.), Venice, 1880.

二、研究专著(Secondary Works)

1. Agnew, John A. & James S. Duncan (eds.), *The Power of Place: Bringing together Geographical and Sociological Imaginations*, Boston: Unwin Hyman, 1989.
2. Avery, Catherine B., *the New Century Italian Renaissance Encyclopedia*, New York: Meredith Co., 1972.
3. Berengo, Marino, *La Societa Veneta alla Fine del Settecento*, Firenze: G. C. Sansoni, 1956.
4. Besta, Enrico, *Il Senato Veneziano: origine, costituzione, attribuzioni e riti*, Miscellanca di storia veneta, Vol. 5, venice, 1899.
5. Bodin, Jean, *Six Books of the Commonwealth*, abridged and translated by M. J. Tooley, Oxford: Basil Blackwell, 1967.

6. Bouwsma, William J. , *Venice and the Defense of Republican Liberty: Renaissance Values in the Age of the Counter Reformation*, Berkeley & Los Angeles: University of California Press, 1968.

7. Brown, Patricia Fortini, *Art and Life in Renaissance Venice*, New York: Harry N. Abrams, Inc. , 1997.

8. Brunelli, Vitaliano, *Storia della citta di Zara: Dai tempi piu remoti sino al 1409 compilata sulle fonti e integrata da tre capitoli sugli usi e costume*, Trieste: LINT, 1974

9. Burke, Peter, *Venice and Amsterdam: A Study of Seventeenth-Century élites*, London: Temple Smith, 1974.

10. Bush, M. L. (ed.), *Social Orders and Social Classes in Europe since 1500: Studies in Social Stratification*, London & New York: Longman, 1992.

11. Cessi, Roberto (ed.), *Deliberazioni del Maggior Consiglio di Venezia*(3 *vols.*), Bologna: N. Zanichelli, 1931-1950.

12. Chambers, David, *The Imperial Age of Venice, 1380—1580*, London: Thames and Hudson Ltd. , 1970.

13. Chambers, David, Cecil H. Clouch & Michael E. Mallett(eds.), *War, Culture and Society in Renaissance Venice: Essays in Honor of John Hale*, London: The Hambledon Press, 1993.

14. Chambers, David, *Individuals and Institutions in Renaissance Italy*, Aldershot: Ashgate, 1998.

15. Chojnacki, Stanley, *Women and Men in Renaissance Venice: Twelve Essays on Patrician Society*, Baltimore: The Johns Hopkins University Press, 2000.

16. Cozzi, Gaetano, *Il doge Niccolò Contarini: Ricerche sul patriziato veneziano agli inizi del Seicento*, Venice, 1958.

17. Cozzi, Gaetano, *Stato, Società e Giustizia nella Repubblica Veneta, sec. XV-XVIII*(2 *vols.*), Rome: Jouvence, 1980.

18. Cozzi, Gaetano & Michael Knapton, *La Repubblica di Venezia nell'eta moderna* (2 vols.), Turin: UTET, 1986.

19. Cozzi, Gaetano, *Repubblica di Venezia e Stati italiani: Politica e Giustizia del secolo XVI al secolo XVIII*, Turin: Einaudi, 1982.
20. Crouzet-Pavan, Elisabeth, *Venice Triumphant*, trans. by Lydia G. Cochrane, Baltimore & London: The Johns Hopkins University Press, 2002.
21. Davis, James C., *The Decline of the Venetian Nobility as a Ruling Class*, Baltimore: The Johns Hopkins University Press, 1962.
22. Davis, James C., *A Venetian Family and Its Fortune, 1500—1900: The Donà and the Conservation of Their Wealth*, Philadelphia: Independence Square, 1975.
23. Davis, James C., *Shipbuilders of the Venetian Arsenal: Workers and Workplace in the Preindustrial City*, Baltimore & London: The Johns Hopkins University Press, 1991.
24. Davis, Robert C., *The War of the Fists: Popular Culture and Pubilc Violence in Late Renaissance Venice*, Oxford & New York: Oxford University Press, 1994.
25. Eglin, John, *Venice Transfigured: The Myth of Venice in British Culture, 1600—1797*, New York: Palgrave, 2001.
26. Finlay, Robert, *Politics in Renaissance Venice*, London: Ernest Benn, 1980.
27. Finlay, Robert, *Venice Besieged: Politics and Diplomacy in the Italian Wars, 1494—1534*, Aldershot: Ashgate, 2008.
28. Gilbert, Felix, *the Pope, His Banker, and Venice*, Cambridge & Massachusetts: Harvard University Press, 1980.
29. Goldthwaite, Richard A., *The Building of Renaissance Florence: an Economic and Social History*, Baltimore & London: The Johns Hopkins University Press, 1980.
30. Grubb, James S., *Firstborn of Venice: Vicenza in the Early Renaissance State*, Baltimore: The Johns Hopkins University Press, 1988.
31. Habermas JÜrge, *The Structural Transformation of the Public*

Sphere: *an Inquiry into a Category of Bourgeois Society*, trans. by Thomas Burger with the assistance of Frederick Lawrence, Massachusetts: the MIT Press, 1991.

32. Hale, J. R. (ed.), *Renaissance Venice*, London: Faber & Faber, 1974.

33. Hale, J. R. , *Renaissance Europe*, *1480—1520*(*Second Edition*), with an Additional Bibliography by Michael Mallett, Oxford: Blackwell, 2000.

34. Hanawalt Barbara A. & Michal Kobialka(ed.), *Medieval Practics of Space*, Minneapolis: University of Minnesota Press, 2000.

35. Hazlitt, W. Carew, *History of the Venetian Republic*: *Her Rise*, *Her Greatness*, *and Her Civilization* (4 vols.), London: Smith, Elder & Co. , 1860.

36. Hilton Rodney (intro.), *The Transition from Feudalism to Capitalism*, Thetford: Lowe & Brydone, 1976.

37. Jütte, Robert, Poverty and Deviance in Early Modern Europe, Camberidge: Cambridge University Press, 1994.

38. King, Margaret L. , *Venetian Humanism in an Age of Patrician Dominance*, New Jersey: Princeton University Press, 1986.

39. Kirshner Julius (ed.), *The Origins of the Stat in Italy*, *1300—1600*, Chicago & London: The University of Chicago Press, 1995.

40. Kittell, Ellen E. & Thomas F. Madden (eds.), *Medieval and Renaissance Venice*, Urbana & Chicago: University of Illinois Press, 1999.

41. Labalme, Patricia H. , *Bernardo Giustiniani*: *A Venetian of the Quattrocento*, Rome, 1969.

42. Sinding-Larsen, S. , *Christ in the Council Hall*: *Studies in the Religious Iconography of the Venetian Republic*, Insititurum Romanum Norvegiae, Vol. 5, Rome, 1974.

43. Lane, Frederic C. , *Venetian Ships and Shipbuilders of the Renaissance*, Baltimore: The Johns Hopkins University Press,

1934.

44. Lane, Frederic C. , *Venice, A Maritime Republic*, Baltimore: The Johns Hopkins University Press, 1973.

45. Lane, Frederic C. & Reinhold C. Mueller, *Money and banking in Medieval and Renaissance Venice, Vol. 1: Cions and Moneys of Account*, Baltimore: The Johns Hopkins University Press, 1985.

46. Lane, Frederic C. , *Studies in Venetian Social and Economic History*, eds. by Benjamin G. Kohl & Reinhold C. Mueller, London: Variorum Reprints, 1987.

47. Lis Catharina & Hugo Soly, *Poverty and Capitalism in Pre-industrial Europe*, New Jersey: Humanities Press Inc. , 1979.

48. Logan, Oliver, *Culture and Society in Venice, 1470—1790: the Renaissance and its Heritage*, New York: Charles Scribner's Sons, 1972.

49. Luzzatto, Gino, *Storia economica de Venezia dall' XI al XVI secolo*, Venice: Centro Internazionale delle Arti e del Costume, 1961.

50. Mackenney, Ricard, *Tradesmen and Traders: the World of the Guilds in Venice and Europe, c. 1250-c. 1650*, London & Sydney: Croom Helm, 1987.

51. Mackenney, Ricard, *Sixteenth Century Europe: Expansion and Conflice*, New York: St. Martin's Press, 1993.

52. Mahoney, Eward P. (ed.), *Philosophy and Humanism: Renaissance Essays in Honor of Paul Oskar Kristeller*, New York, 1976

53. Mallett, M. E. & J. R. Hale, *The Military Organization of a Renaissance State: Venice c. 1400—1617*, Cambridge: Cambridge University Press, 1984.

54. Maranini, Giuseppe, *La Costituzione di Venezia: dalle origini alla serrata del Maggior Consiglio*(2 vols.), Venezia: La Nuova Italia, 1927—1931.

55. Maranini, Giuseppe, *La costituzione di Venezia dopo la serrata del*

Maggior Consiglio, Venice, 1931.

56. Martin, John & Dennis Romano (eds.), *Venice Reconsidered: the History and Civilization of an Italy City-State*, 1297—1797, Baltimore: The Johns Hopkins University Press, 2000.

57. Martin, John Jeffries, *The Renaissance: Italy and Abroad*, London & New York: Routledge, 2003.

58. Martines, Lauro (ed.), *Violence and Civil Disorder in Italian Cities*, 1200—1500, Berkeley: University of California Press, 1972.

59. Martines, Lauro, *Power and Imagination: City-States in Renaissance Italy*, Baltimore: The Johns Hopkins University Press, 1988.

60. McNeil, William, *Venice: The Hinge of Europe*, 1081—1797, Chicago & London: The University of Chicago Press, 1974.

61. Muir, Edward, *Civic Ritual in Renaissance Venice*, New Jersey: Princeton University Press, 1981.

62. Nicol, Donald MacGillivray, *Byzantium and Venice: A Study in Diplomatic and Cultural Relations*. Cambridge: Cambridge University Press, 1988

63. Norwich, John Julius, *Venice: the Greatness and the Fall*, London: Allen Lane, 1981.

64. Parker, Geoffrey, *Europe in Crisis*, 1598—1648 (Second Edition), Oxford: Blackwell, 2001.

65. Pemble, John, *Venice Rediscovered*, Oxford: Clarendon Press, 1995.

66. Perceval, George, *The History of Italy: From the Fall of the Western Empire to the Commencement of the Wars of the French Revolution* (2 vols.), London: G. B. Whittaker, 1825.

67. Pincus, Debra, *The Arco Foscari: The Buildingof a Triumphal Gateway in Fifteenth-Century Venice*, New York: Garland Publishing, Inc., 1976

68. Pocock, J. G. A., *The Machiavellian Moment: Florentine Political*

Thought and the Atlantic Republican Tradition(with a new afterward by the author), Princeton & Oxford: Princeton University Press, 1975.

69. Povolo, Claudio, *L'intrigo dell'onore: Poteri e Istituzioni nella Repubblica di Venezia tra Cinque e Seicento*, Verona: Cierre, 1997.

70. Pullan, Brian(ed.), *Crisis and Change in the Venetian Economy in the Sixteenth and Seventeenth Centuries*, London: Methuen & Co. Ltd., 1968.

71. Pullan, Brian, *Rich and Poor in Renaissance Venice: the Social Institutions of a Catholic State, to 1620*, Oxford: Basil Blackwell, 1971.

72. Queller, Donald E., *Early Venetian Legislation on Ambassadors*, Genève: Librairie Droz, 1966.

73. Queller, Donald E., *Two Studies on Venetian Government*, Genève: Librairie Droz, 1977.

74. Queller, Donald E., *The Venetian Patriciate: Reality versus Myth*, Urbana & Chicago: University of Illinois Press, 1986.

75. Rapp, Richard Tilden, *Industry and Economic Decline in Seventeenth-Century Venice*, Cambridge & London: Harvard University Press, 1976.

76. Romano, Dennis, *Patricians and Popolani: the Social Foundations of the Venetian Renaissance State*, Baltimore: The Johns Hopkins University Press, 1987.

77. Ruggiero, Guido, *Violence in Early Renaissance Venice*, New Jersey: Rutgers University Press, 1980.

78. Shaw, James, *The Justice of Venice: Authorities and Liberties in the Urban Economy*, 1550—1700, Oxford: Oxford University Press, 2006.

79. Sperling, JÜtta Gisela, *Convents and the Body Politic in late Renaissance Venice*, Chicago & London: The University of Chicago

Press, 1999.

80. Tabacco, Giovanni, *The Struggle for Power in medieval Italy: Structures of Political Rule*, Cambridge: Cambridge University Press, 1989.

81. Tafuri, Manfredo, *Venice and the Renaissance*, trans. by Jessica Levine, Cambridge, Mass & London: Massachusetts Institute of Technology, 1989.

82. Tenenti, Alberto, *Piracy and the Decline of Venice*, 1580—1615, translated with an introduction and glossary by Janet and Brian Pullan, Berkeley & Los Angeles: University of California Press, 1967.

83. Tenenti, Alberto & Ugo Tucci (eds.), *Storia di Venezia: dalla Origini alla caduta della Serenissima* (*12 vols.*), Rome: Istituto della Enciclopedia italiana, 1992-1998.

84. Ventura, Angelo, *Nobilità e popolo nella società veneta del '400 e '500*, 2nd edition, Milan: 1993.

85. Wills, Garry, *Venice: Lion City, the Religion of Empire*, New York: Simon & Schuster, 2001.

86. Zannini, Andrea, Burocrazia e Burocrati a Venezia in Età Moderna: I Cittadini Originari(sec. XVI-XVIII), Venezia: 1992.

三、研究论文(Articles)

1. Besta, Enroco, "Il Senato Veneziano: origine, costituzione, attribuzioni e riti", *Miscellanea di storia Veneta*, 2d ser., vol. 5, Venezia: a spese della società, 1899, pp. 1-290.

2. Brucker, Gene, "Tales of Two Cities: Florence and Venice in the Renaissance", *The American Historical Review*, Vol. 88, No. 3 (Jun., 1983), pp. 599-616.

3. Burke, Peter, "Patrician Culture: Venice and Amsterdam in the Seventeenth Century", *Transactions of the Royal Historical Society*, Fifth Series, Vol. 23(1973), pp. 135-152.

4. Carrithers, David W. , "Not so Virtuous Republics: Montesquieu, Venice, and the Theory of Aristocratic Republicanism", *Journal of the History of Ideas*, Vol. 52, No. 2, 1991, pp. 245-268.

5. Carroll, Linda L. , "Carnival Rites as Vehicles of Protest in Renaissance Venice", *The Sixteenth Century Journal*, Vol. 16, No. 4(Winter, 1985), pp. 487-502.

6. Carroll, Linda L. , "Dating the Woman from Ancona: Venice and Ruzante's Theater after cambrai", *The Sixteenth Century Journal*, Vol. 31, No. 4(Winter, 2000), pp. 963-985.

7. Chojnacki, Monica, "Charity and Community in Early Modern Venice: The Casa delle Zitelle", *Renaissance Quarterly*, Vol. 51, No. 1(Spring, 1998), pp. 68-91.

8. Chojnacki, Stanley, "Patrician Women in Early Renaissance Venice", *Studies in the Renaissance*, Vol. 21, 1974, pp. 176-203.

9. Chojnacki, Stanley, "Kinship Ties and Young Patricians in Fifteenth-Century Venice", *Renaissance Quarterly*, Vol. 38, No. 2, 1985, pp. 240-270.

10. Chojnacki, Stanley, "Political Adulthood in Fifteenth-Century Venice", *The American Historical Review*, Vol. 91, No. 4, 1986, pp. 791-810.

11. Davidson, N. S. , "'In Dialogue with the Past': Venetian Research From the 1960s to the 1990s", *Bulletin of the Society for Renaissance Studies*, No. 15, 1997, pp. 13-24.

12. Fasoli, Gina "Nascita di un mito (Il mito di Venezia nella storiografia)", *Studi storici in onore di G. Volpe* (2 vols.), Florence: Sansoni, 1958, vol. I pp. 445-479.

13. Fink, Z. S. , "Venice and English Political Thought in the Seventeenth Century", *Modern Philology*, Vol. 38, No. 2, 1940, pp. 155-172.

14. Finlay, Robert, "The Venetian Republic as a Gerontocracy: Age and Politics in the Renaissance", *Journal of Medieval and*

Renaissance Studies, Vol. 8, 1978, pp. 174-178.

15. Finlay, Robert, " Crisis and Crusade in the Mediterranean: Venice, Portugal, and the Cape Route to India (1498—1509)", in *Studi Veneziani*, vol. 28, Pisa, 1994, pp. 45-90.

16. Finlay, Robert, "The Immortal Republic: The Myth of Venice during the Italian Wars (1494—1530)", *Sixteenth Century Journal*, Vol. 30, No. 4, 1999, pp. 931-944.

17. Finlay, Robert, "Fabius Maximus in Venice: Doge Anrea Gritti, the War of Cambrai, and the Rise of Habsburg Hegemony, 1509—1530", *Renaissance Quarterly*, Vol. 53, No. 4, 2000, pp. 988-1031.

18. Gaeta, Franco, "Alcune considerazioni sul mito di Venezia", in *Bibliothèque d'Humanisme et Renaissance*, No. 23, 1961, pp. 58-75.

19. Gilbert, Felix, "The Date of the Composition of Contarini's and Giannotti's Books on Venice", *Studies in the Renaissance*, Vol. 14, 1967, pp. 172-184.

20. Gilbert, Felix, "The Venetian Constitution in Florentine Political Thought", *Florentine Studies*, ed. Nicolai Rubinstein, London: Faber & Faber, 1968, pp. 463-500.

21. Gleason, Elisabeth, " Reading between the Lines of Gasparo Contarini's Treatise on the Venetian State", Historical Reflections/Reflexions Historiques, Vol. 15, 1988, pp. 251-270.

22. Grubb, James S., "When Myths Lose Power: Four Decades of Venetian Historiography", *The Journal of Modern History*, Vol. 58, No. 1, 1986, pp. 43-94.

23. Horodowich, Elizabeth, " Civic Identity and the Control of Blasphemy in Sixteenth-Century Venice", *Past and Present*, No. 181, 2003, pp. 3-33.

24. Johnson, Eugene J., " The Short, Lascivious Lives of Two Venetian Theaters, 1580—1585", *Renaissance Quarterly*,

vol. 55, No. 3, 2002, pp. 936-968.

25. King, Margaret L., "Personal, Domestic, and Republican Values in the Moral Philosophy of Giovanni Caldiera", *Renaiisance Quarterly*, vol. 28, 1975, pp. 559-565.

26. Knapton, Michael, "'Nobilità e popolo' e un trentennio di storiografia veneta", *Nuova Rivista Storica*, LXXXII (1998), fasc. 1, pp. 167-192.

27. Lane, Frederic C., "Venetian Shipping During the Commerical Revolution", *The American Historical Review*, Vol. 38, No. 2, 1933, pp. 219-239.

28. Lane, Frederic C., "The Mediterranean Spice Trade Further Evidence of its Revival in the Sixteenth Century", *The American Historical Review*, Vol. 45, No. 3, 1940, pp. 581-590.

29. Lane, Frederic C., "The Role of Governments in Economic Growth in Early Modern Times", *The Journal of Economic History*, Vol. 35, No. 1, 1975, pp. 8-17.

30. Libby, Lester J., Jr., "Venetian History and Political Thought after 1509", *Studies in the Renaissance, Vol. 20, 1973*, pp. 7-45.

31. Martin, John, "'Salvation and Society in Sixteenth-Century Venice: Popular Evangelism in a Renaissance City", *The Journal of Modern History*, Vol. 60, No. 2, 1988, pp. 206-233.

32. McPherson, David, "Lewkenor's Venice and Its Sources", *Renaissance Quarterly*, Vol. 41, No. 3, 1988, pp. 459-466.

33. Muir, Edward, "Images of Power: Art and Pageantry in Renaissance Venice", *The American Historical Review*, Vol. 84, No. 1, 1979, pp. 16-52.

34. Muir, Edward, "The Eye of the Procession: Ritual Ways of Seeing in the Renaissance", in Nicholas Howe (ed.), *Ceremonial Culture in Pre-Modern Europe*, Notre Dame: University of Notre Dame Press, 2007, pp. 129-153.

35. Pullan, Brian, "Service to the Venetian State: Aspects of Myth

and Reality in the Early Sventeenth Century", *Studi secenteschi*, 1964, No. 5, pp.

36. Ravegnani, Giorgio, "La Romania veneziana", in *Storia di Venezia. L'eta del Comune*, Giorgio Cracco & Gherardo Ortalli (eds.), II: 183-231, Rome: Enciclopedia Italiana, 1995, pp. 183-191.
37. Romano, Dennis, "Gender and the Urban Geography of Renaissance Venice", *Journal of Social History*, Vol. 23, No. 2, 1989, pp. 339-353.
38. Romano, Dennis, "Aspects of Patronage in Fifteenth-and Sixteenth-Century Venice", Renaissance Quarterly, Vol. 46, No. 4, 1993, pp. 712-733.
39. Schmitter, Monika, "'Virtuous Riches': The Bricolage of Cittadini Identities in Early-Sixteenth-Century Venice", *Renaissance Quarterly*, Vol. 57, No. 3, 2004, pp. 908-969.
40. Sherman, Michael A., "Political Propaganda and Renaissance Culture: French Reactions to the League of Cambrai, 1509-1510", *Sixteenth Century Journal*, Vol. 8, Supplement, 1997, pp. 96-128.
41. Sperling, JÜtta, "The Paradox of Perfection: Reproducing the Body Politic in Late Renaissance Venice", Comparative Studies in Society and History, Vol. 41, No. 1, 1999, pp. 3-32.
42. Tittler, Robert, "Seats of Honor, Seats of Power: The Symbolism of Public Seating in the English Urban Community, c. 1560-1620", *A Quarterly Journal Concerned with British Studies*, Vol. 24, No. 2, 1992, pp. 205-223.
43. Walker, Jonathan, "Gambling and Venetian Noblemen, c. 1500-1700", *Past and Present*, No. 162, 1999, pp. 28-69.
44. Walker, Jonathan, "Legal and Political Discourse in Seventeenth-Century Venice", *Comparative Studies in Society and History*, Vol. 44, No. 4, 2002, pp. 800-826.

四、中文资料

1. [瑞士]雅各布·布克哈特:《意大利文艺复兴时期的文化》，何新译，北京：商务印书馆，1979年版。
2. [意]卡洛·M. 奇波拉主编:《欧洲经济史(第一卷)：中世纪时期》，徐璇译，北京：商务印书馆，1988年版。
3. [意]卡洛·M. 奇波拉主编:《欧洲经济史(第二卷)：十六和十七世纪》，贝昱、张菁译，北京：商务印书馆，1988年版。
4. [英]丹尼斯·哈伊:《意大利文艺复兴的历史背景》，李玉成译，北京：生活·读书·新知三联书店，1988年版。
5. [法]费尔南·布罗代尔:《菲利普二世时代的地中海与地中海世界》(第一卷)，唐家龙、曾培耿等译，北京：商务印书馆，1996年版。
6. [美]汤普逊:《中世纪社会经济史(300-1300)》，耿淡如译，北京：商务印书馆，1997年版。
7. [德]马克斯·韦伯:《经济与社会》(两卷本)，林荣远译，北京：商务印书馆，1997年版。
8. [意]路易吉·萨尔瓦托雷利:《意大利简史——从史前到当代》，沈珩、祝本雄译，北京：商务印书馆，1998年版。
9. [比利时]亨利·皮朗:《中世纪欧洲经济社会史》，乐文译，上海：上海人民出版社，2001年版。
10. [法]费尔南·布罗代尔:《十五至十八世纪的物质文明、经济与资本主义(三卷本)》，北京：生活·读书·新知三联书店，2002年版。
11.《文艺复兴书信集》，李瑜译，上海：学林出版社，2002年版。
12. [英]M·M. 波斯坦等主编:《剑桥欧洲经济史(第三卷)·中世纪的经济组织和经济政策》，周国荣、张金秀译，北京：经济科学出版社，2002年版。
13. [英]M·M. 波斯坦等主编:《剑桥欧洲经济史(第四卷)·16世纪、17世纪不断扩张的欧洲经济》，张锦冬、钟和、晏波译，北京：经济科学出版社，2003年版。

14. [意]尼科洛·马基雅维里：《论李维》，冯克利译，上海：人民出版社，2005年版。
15. [美]约翰·巴克勒等主编：《西方社会史》(第二卷)，霍文丽等译，桂林：广西师范大学出版社，2005年版。
16. [意]乔万尼·波特诺：《论城市伟大至尊之因由》，刘晨光译，林国基补注，上海：华东师范大学出版社，2006年版。
17.《共和主义：古典与现代》，《思想史研究》(第二辑)，上海：人民出版社，2006年版。
18. [比利时]亨利·皮雷纳：《中世纪的城市(经济和社会史评论)》，陈国樑译，北京：商务印书馆，2007年版。
19. [法]马克·布洛赫：《封建社会(上卷)：依附关系的成长》，张绪山译，北京：商务印书馆，2007年版。
20. [法]马克·布洛赫：《封建社会(下卷)：社会等级和政治体制》，李增洪等译，北京：商务印书馆，2007年版。
21. [意]尼科洛·马基雅维里：《君主论》，王水译，上海：三联书店，2008年版。
22. 王挺之、刘耀春：《欧洲文艺复兴史·城市与社会生活卷》，北京：人民出版社，2008年版。
23. [美]玛格丽特·L. 金：《欧洲文艺复兴》，李平译，上海：人民出版社，2008年版。
24. [美]乔纳森·德瓦尔德：《欧洲贵族：1400—1800》，姜德福译，北京：商务印书馆，2008年版。

后　记

本书是在我2010年完成的博士论文《16世纪威尼斯的贵族政治研究》基础上修改扩充而成的，在行将付梓之际，掩卷回眸，往事如昔。在珞珈山求学的九年时光，在西子湖畔潜心修炼的两年光阴仿佛弹指一挥间。回归母校工作已有一年余，回首这一路来所经历的挫折与成长，感慨颇多。本书是我自本科毕业论文始，八年多来从事文艺复兴时期意大利研究的一次成果总结，但在行文之际，总感到留下了很多缺憾之处。此时此刻，千言万语，如哽在喉。

回想2001年的初秋，当我怀着极大的热忱，以第一志愿进入武汉大学世界史试验班时，第一次感受到了什么叫做如鱼得水。如同发现阿里巴巴的藏宝洞一般，我一头扎进了珞珈山这座学术宝库。本科期间，学习和研究的兴趣点几经变换，终于在本科毕业前夕，经恩师向荣教授的建议和指导，将研究方向确定为文艺复兴意大利史。之后硕博连读的5年期间，我在恩师孜孜不倦的教育和指导下，从学习意大利语，攻克语言关开始，一步一步地深入这块研究领域，并借2007年赴美进修的机会，将博士论文正式确定为16世纪威尼斯的政治社会史研究……其间，几度彷徨迷茫，几度疲惫退缩，但更多的是在探求知识和真相的过程中，得到的收获和喜悦。此时，寥寥数语，难表满腔的感激之情。

首先，我要衷心感谢我的恩师向荣教授十二年来对我的辛勤栽培和细心教导，在我的学习和生活各方面给予我无微不至的关怀和帮助。其实，从我撰写本科毕业论文开始，直至我硕士博士学习的整个阶段，恩师都对我倾注了极大的关注，每一分鼓励和教诲都激励我继续前行；我的每一篇论文，每一个进步，都包含着恩师的心血与汗水；从向老师身上，我不仅学到了广博的知识，更得到了比知识更重要的，作为一位真正的学者所必备的严谨的治学态度和对学术孜孜不倦追求的精神。向老师身体力行地教会我老老实实做人、不懈追求真知的道理，令我受益匪浅，也将永远铭记在心。同时，师母在日常生活中对学生的关系和爱护，学生也没齿难忘。在此，向恩师及师母致以最诚挚的谢意！

同时，我还要感谢我的祖国以及国家留学基金委员会公派留学项目的大力支持，使我有机会奔赴美国著名的高等学府——西北大学(Northwestern University)，跟随文艺复兴史研究专家爱德华·缪尔教授(Prof. Edward Muir)进行系统的学习和研究。在短短一年的进修时间里，缪尔教授不仅在学业上给了我这个来自遥远东方的学生无私的关心与指导，还亲自带领我去芝加哥等地各类专门的图书馆和博物馆查找研究相关的资料。缪尔教授以他勤奋严谨的治学态度和亲切风趣的行为处世，展示了一位世界顶尖学者的风采。借此机会，对缪尔教授表示真诚的问候与感谢！此外，向我的意大利语老师茱莉亚·圭多蒂夫人(Sig. Giulia Guidotti)表示最亲切的谢意，谢谢您将我领入意大利语言和文化的大门，赋予我与文艺复兴时期的文化巨匠们直接交流对话的能力和机会。

2010年博士毕业后，我前往浙江大学历史学博士后流动站继续自己的科研工作。西子湖畔玉泉山下，既见证了我初出校园的生涩，也留下了科研起步阶段的汗水。记得2010年的盛夏，当第一次踏进浙江大学古典与现代气息相交融的校园，这所国内顶尖高校所展现出的外在开放之姿和内在务实之风就给我留下了深刻的印象。浙江大学良好的学术氛围和生活环境在接下来的两年为我的研究提供了诸多便利，使我能够心无旁骛地对自己的研究课题展开深入的研究，完善和深化博士期间未尽的工作。

我要衷心感谢我的合作导师沈坚教授这两年来对我的关心和指导，在我的科研工作和生活各方面给予的无微不至的关怀和帮助。但沈老师虽然身居要职，事务缠身，仍然定期抽出时间，询问我的研究进展，并给出中肯的意见和建议。无论是科研方面，还是工作和生活方面遇到困难或问题，沈老师均热心地帮忙解决和处理。沈老师平实严谨的治学之风以及高雅风趣的生活之道，都给我留下了深刻的印象。两年时间虽然短暂，但沈老师身体力行地展示了具有时代旨趣和传统治学之理的学者风范，令我获益颇多，也将永远铭记在心。借此机会，向沈老师致以最诚挚的谢意！

我还要特别感谢浙江大学人文学院世界史所的诸位老师：吕一民、刘国柱、计翔翔、董小燕、王海燕、陈新、孙仲等诸位前辈对我的许多关心和帮助，谢谢他在这两年里对我的关心与指导。同时感谢所里青年团队的老师们给予我工作和生活上的诸多帮助与支持，他们是乐启良老师、朱晓罕老师、吴彦老师、白春晓博士和孙晨旭博士。此外，感谢历史系办公室的黄兰英老师对我日常工作和生活方面的关心与爱护；感谢中国史教研室的陈志坚老师、肖如平老师、赵晓红老师和张凯老师，和他们的讨论拓展了我的学术视野和教学模式，在此也一并致谢。

武汉大学历史学院和世界史研究所是我永远的学术起点和故乡。李工真老师、陈勇老师、胡才珍老师、张德明老师、韩永利老师、徐友珍老师、潘迎春老师、谢国荣老师等世界史所的诸位老师既是我的授业恩师，也是现在帮助我成长进步的同仁，感谢老师们这么多年里对我的教育与指导，对我的关心和鼓励。感谢历史学院陈伟院长、刘礼堂书记等各级领导，冻国栋教授、徐少华教授等兄弟教研室老师们的关心与提携。感谢多年来给予我帮助与支持的各位同门，他们是熊芳芳老师，詹娜老师，蒋焰老师，许明杰、杨光、吕昭、朱丽芳等博士。此外，美国的 Andrea Seligman 博士，斯洛文尼亚的 Vesna Kamin 博士，英国的 Mark Crowley 博士以及华中师范大学的沈琦老师等，和你们的讨论拓展了我的视野，在此也一并致谢。

国内文艺复兴史研究虽起步较晚，但发展势头迅猛，特别是近些年来，国际和国内学界联系交流频繁，这些都为我的研究提供了诸多便利。在此特别感谢四川大学历史文化学院的王挺之教授、何平教授和刘耀春老师的关心和指点；感谢华东师范大学朱明老师就本书第四章相关内容给予的修改意见和建议。希望本书的出版为我国文艺复兴史研究的发展尽一份绵薄之力。

本课题的深入研究得到了国家教育部人文社会科学研究青年基金项目“中世纪晚期近代早期威尼斯贵族政治研究”(项目编号：12YJC770046)的大力资助，本书也是该项目的结项成果。在此对教育部和人文社会科学研究基金表示衷心的感谢。

武汉大学出版社的编辑团队为我这本小书的顺利出版付出了大量的心血，在此，对以柳芳书记和胡程立社长为代表的编辑团队专业而细致的工作致以最真诚的谢意。

最后，我要把这本小书献给我善良而质朴的亲人们。感谢我的父母，你们对我无私的支持和鼓励，是我坚持到现在的最大动力和财富。感谢我的爱人兼诤友徐剑先生，多年来，你既是我生活中的伴侣，也是事业上共同进步的伙伴，无论是顺境还是逆境，你都一直在身边鞭策我，陪我走下来。谢谢你！

囿于本人水平和精力有限，本书行文中难免存在错误和疏漏之处，祈望读者和学界同行批评指正。

路漫漫其修远兮，吾将上下而求索！是以明志！

尚　洁

2013年5月于东湖凌波门畔